大展好書 好書大展

大展好書 好書大展

社會人智囊

56

小道理
美好生活

林　政　峰／編著

大展出版社有限公司

前言

全書無統一的主題，每一個章節都各自獨立，讀者不管從那一頁開始看都無所謂，甚至只選擇適當的項目閱讀，也能充分了解其意義。

因為主要是以一般人為對象的談話，所以，盡量避免宗教色彩，特別是佛教色彩。可是因為筆者對佛學較深入，因此，很多地方均以佛教思想來解釋，這也是不容否認的。

讀者既生為中國人，長久以來便生活在深受佛教、道教的傳統影響下的社會中，在這兒所敘述的大部分內容，應該都能把握才是。

本書的目的未必是要供給讀者任何知識，而是想要提供諸位一個方向，那就是——既生在中國的社會中，如何設法讓自己活得更有意義。

在這世界上，的確是討厭的事情比較多，可是既然非生活下去不可，則最重要的便是，如何將自己的態度來個大轉變，使得這個難以生活的人生，改變成容易生活的人生。

人類不可能一個人獨自生活，而且人類「不是為麵包而生」。

既然如此，我們更要懷著「能夠生活實在太好了」的心情，來度過這得來不易的一生，而且不單是對自己如此，對同樣生活在同一個社會中的其他人，我們也希望他們都能過著這種生活方式。

如果能以這種心情來看這本書，我相信從明天開始，諸位一定能找到一些與現在不同的生活方式。

目錄

目　錄

1 人立而己立

論語裡有句話是「己所不欲、勿施於人」。

我們在無意中常會將討厭的事情推給他人，而將好事留給自己去做。這麼一來，社會便不能和諧的運轉。亦即，自己不願做的事，沒有道理推給別人去做。再從此意義上衍生來說，對方所不願的事，相反的自己要去做；而自己想做的事則要讓給對方去做，此乃真正的慈悲本意。

所謂慈悲，便是帶給對方喜悅，而取走對方的痛苦。然而要拿開對方的痛苦，給予對方喜悅，在利己主義的世界中，很難去達成。但是，我們平凡的人類，卻也能爲對方做相當多的事。

例如，是怎麼樣的事呢？幾乎是每天都會到我們家來的人相當的多。或許有人會說，那樣的人並不多嘛！可是像郵差、送鮮奶的、送報紙的人則每天一定會來。對這些人說聲：「辛苦您了！」「啊！謝謝！」相信是每個人都可以做到的事。

但是，並非因爲你跟他道謝，他便會說：「啊，這家人每天都會跟我說：『謝謝！辛苦了！』而把許多的東西帶來給你。更何況，假如郵差說：『那真是親切的人家，每次都親切地問候我，這麼著，我就把送到隔壁的現金匯票放在那一家好了。』」

這麼一來可能就會被抓了，所以是不可能的。

但是，對方接受了簡單的一句「辛苦了」「謝謝」，卻是多麼高興啊！只要你親身去體會看看，便能明白這種感受。總之，自己想做的事將它讓給對方，是一件相當重要的事，不是嗎？

舉這個例子不知道是否妥當，但是近來人們常要抱怨，一坐上計程車，許多的司機一句話也不回答。

得不到回答，站在乘客的立場來說，是多麼無趣啊！至少也要回答個：「是，我知道了！」才是嘛。

但是，自己對別人的問話，難道真能好好地回答，使對方精神上感到愉快嗎？批評對方，每個人都會做。但是自己希望對方能爲我們做的事，我們是否也同樣地去爲對方做呢？這麼一想的時候，我們是不是得先檢討自己爲別人做了些什麼呢？

當你想說：「那個傢伙、這個傢伙，那也不做，這也不做，只會把事情推諉給別人」的時候，如果能首先反省是否也做了對方想要的事時，這個社會便能圓滑地、和暢地運轉。

不是只期待對方爲自己做什麼事，而是必須從自己本身做起。從一人到二人，從二人到四人，漸漸地更多人能覺悟到此點時，我們人類的社會，不就會是一個很美好的社會了嗎？

●人類犧牲的價值，有比生命還重要的，就是真理和名譽。

2 施予其所真正需要的

一聽到「布施」這句話，大多數的國人會以爲是送給替我們做葬禮儀式及法事的僧侶們的謝禮。

事實上，所謂的「布施」，正如其字面的意思所示，乃是「廣佈施捨」之意，亦即給予困擾或痛苦的人們，某些物質上或精神上的資助。

古代的比立教團以及現在的南方佛教中的出家人，雖說是布施，但因出家人並不擁有可供施捨的財產或物質，所以對一般人而言，只是單純地「施予法教」，亦即所謂的「法施」。

相對地，現在的在家信徒們，爲表示自己接受法教的喜悅，常會將自己所有物的一部分施給出家人，不知不覺中就演變成現在所流行的「金錢」上的布施了。

但是，布施的原意，依釋尊的說法應該是「被施之物、被施之人，施者自身，三者都要忘掉」，至少，並非是什麼「施與受」的關係，而是單從「

施予」這個行爲本身發現喜悅。人類是個慾望很深的動物，不管擁有多少的財產或所有物，要將其中一部分施捨出來，是一件相當痛苦而困難的事。

因此，像這樣慾望無窮的人類，即使只是一丁點兒，若能將自己的所有物施予給其它更需要的人，這種行爲本身即是一項非常重要的佛教實踐。

現在人們所施捨的寺廟往往有一定的對象。可能一開始時，一些信者們因爲聽到寺廟中僧侶的傳說法教，而感受到生之喜悅，於是便很樂意地對僧侶或寺廟做些物質上的施予。漸漸地，寺廟與信者的家庭之間的關係形式化了，即使僧侶們並不曾爲信者做了某些事，卻仍然非施予不可。漸漸地有了「和尙不勞而獲」的批評。

的確，施予之後要忘掉這種施予的行爲是相當困難的，但是，至少也得朝著這樣的施予方式去努力，不是嗎？

●幫助一個人莫過於讓他負責，使他知道你相信他。

3 施予廣大的同情心

「施予」的行爲，難道非金錢或物質不可嗎？

事實上，所謂「多有錢就多吝嗇」，那些擁有財產的人，似乎最不易於施予。當然，或許是如果將所擁有的財產毫無可惜之心地施予的話，就永遠不可能變成有錢人了。

但是，即使真是毫無可供施予的物質或金錢，也可以做到施予，在日常生活中，像這樣的施予行爲往往相當的重要。

例如，中國人在日常生活中，常會使用各種問候與感謝的字眼，這些話有時甚至比金錢或物質來說，是更大的施予行爲。

一早起床時，如果碰到有人精神飽滿地對自己說：「早安！」那麼或許這便足以保證今天是快樂的一整天。

而當被人問候：「辛苦您啦！」或「真是辛苦的工作」時，對被慰問的人來說，這是比什麼都要有力的鼓勵。

再者「親切的眼神」與「同情的面龐」比任何安慰的話更具有意義，當自己痛苦、悲哀時，如果對方默默地握住我的手，或者陪著我一起哭泣，我不知道這是多大的施予啊！

就像這樣，雖不是什麼具體的金錢或物質，可是就施予的行爲來說，卻具有相當大的價値，有時候反而比金錢和物質更具意義。

對於因家人去世而跌入痛苦深淵的人來說，金錢、供品、供花等等具體而實質的東西雖也算是一種施予，可是不要忘了，溫柔的安慰，和與其同悲，才是更充實而重大的施予行爲。

但是，在對方痛苦時，自己也與其同悲，在對方快樂時，自己也同享快樂，這些事情在嘴巴上說說的確容易，可是真要去實行，卻極端的困難。

反而是在對方遭受不幸時，雖在口中訴說著安慰的話，然而心裡正爲對方的不幸覺得有趣，這樣的人不是沒有。同樣的，當對方正處於幸福之頂時也是相同的情形。

「與對方同悲，與對方共喜」這種精神是布施的真意，一旦能夠這麼做時，「分擔的痛苦會減半，分享的快樂會加倍」。

現代這個時代，毫無疑問的，物質方面相當富裕，科學文明的急速進步，醫療技術的發展等，人人都能享受到長壽的樂趣。

但是在另一方面來說，人類相互之間卻欠缺同情心，因此，雖不至於到「鄰居？是指做什麼事的人啊？」的地步，但是雖然同居住於一個社會中，我們對他人的關心往往徒具形式。

事實上，在精神方面什麼也沒有，不是嗎？

仔細想想，在一天之中，可曾盡力對誰說過親切的問候、以溫柔的眼神和面孔去接待多數的人、並站在對方的立場去感同身受，這種種布施行爲都做到了嗎？

想要使冷如冰霜般的現代社會，再一次恢復到曾經有過的熱血相通的溫暖社會，如上所述的施予行爲該是最必要的吧！

●最機巧的奉承是讓別人說下去，而自己傾聽。

4 以自己的背影去鞭策他人

人說「雙親是子女的借鏡」，聽來似乎是事實。父母親們常常對子女們說——這麼做、那麼做、非這麼做不可、非那麼做不可，像這樣的所謂「媽媽教育」漸漸地增多了。當然應該也有所謂的「爸爸教育」，而在爸爸教育、媽媽教育的稱呼中，含有如下的意思：

「至少你要比你的父親讀更好的學校、進入一流的企業，成爲比父親更了不起的人。」

我真想說——真是非常抱歉，但請你不要忘了遺傳法。這是什麼道理呢？我想，大約夫婦之間都不會有太大的差異。當然，有幾萬分之一的機會，鳶會生出老鷹來，儘管想要子女比父母親更優秀，但是，一個差強人意的父親和一個差強人意的母親，沒有道理會突然生出一個比父母親更要優秀許多的小孩來。遺傳的法則大體來說是正確的，然而究竟是什麼原因使父母親對子女期待過度呢？

同樣的道理也適用於公司裡的上司和部屬的關係。也就是做上司的常會對其屬下做百般的要求，希望屬下做這做那的，又要抱怨這也不會、那也不會。當然，不會有太多的上司希望屬下比自己更了不起，可是又爲什麼對屬下的期待又大得離譜呢？

反過來說，即使有一百種的說法，自己不先做到的話，誰也不會跟上來做。如果是小孩子的話，的確會有某種程度的效用，可是如果自己做不到的話，儘管說酸了嘴巴，誰也不會跟著做。

不管雙親對小孩發了多少牢騷，也不管對小孩多注意，實際上，雙親做不來的事情小孩也沒有理由會做，「雙親是小孩的借鏡」這句話的意義正在於此。

總之，正如小孩所看到的正好是雙親的背影，部屬所看到的也絕不會是上司的正面。同樣是見到其背影。所以，不管上司說了那些看似偉大的話，或是看似義正嚴詞的話，自己本身做不到的事，不論怎麼地強迫他人去做，別人也不可能會跟著來做。

言行一致實在是相當困難的一件事。說得容易，要做卻難。也有沈默地去實行的情形。什麼也不說地默默無言。可是即使沈默著埋頭去做，並不表示就會馬上有一群部屬跟著做。因此，在某些場合是有必要發些申斥之話，而在口頭上也非做各種形式的忠告不可。但是，說了之後，最重要的還是自己真的去做。

這個道理不光說的是公司中上司和屬下的關係，也同時適用於整個社會生活。批評別人，這是誰都會的事。

事實上，如果換成自己受到別人同樣的批評時，難道自己就真的做到了足以回答他人「我做了」的事嗎？

正如鏡子真實地反應出美醜一般，當你認爲子女都不聽自己所說的話時，請想想自己本身是否真的做到了；同樣地，當你抱怨屬下不聽從自己所說的話時，也請反省自己是否真的已經做到了。如此一來，不就能避免成爲一個只會責罵的父母親，或只會責罵的上司了嗎？

●盛年不重來，一日難再晨。及時宜自勉，歲月不待人。

5 圓滿人際關係的秘訣

「忍其可忍的誰都會，忍其不可忍的才是真忍。」這世界中令人生氣的事情非常多。在日常生活中，在家庭中，在社會中，或是在公司中，以及其它各式各樣的場合，對人們來說，令人生氣的事非常之多。可是仔細再想想看，真的有充分的理由去生氣嗎？

爲什麼在那個時候會生氣，爲什麼要說出那些糟糕的話呢？等等事後反悔的情形不也很多嗎？

例如，在家中如果父母親打破了茶碗，頂多說聲：「啊，打破了。」便了事，可是一旦小孩子打破了茶碗或什麼的，往往被斥責：「怎麼！打破了茶碗！很貴的。」如果自己打破了碗，只說：「打破了。」便沒事的話，即使是小孩打破了，也應該就此罷休。

事實上，我們只會因爲對方做了某事而生氣，而一旦自己做了同樣的事，多數的情形是敷衍過去。

在這裏我想提供一個方法，如果在某些時候生氣時，不妨從一數到十。當然，打架的時候如果在對方面前數「一、二、三」的話，反而更激怒了對方。如果不是打架，而是因爲對方在你面前破口大罵而生氣時，便默數「一、二、三」，等到數到十仍然還想生氣的話，便表示真的有值得生氣的理由，這時候就發洩一下吧！

相反地，在多數的場合中，只要數到十，憤怒便會平靜下來。這不正意謂著，絕大多數的場合，我們只是爲些無意義的事情而生氣嗎？

亦即，夫妻吵架也是一樣，這一邊叭、叭、叭的罵著，那一邊便叭、叭、叭的頂嘴反罵回去。只有這樣，吵架才能成立。

如果當其中一方哇哇怒罵時，另一方能「一、二、三……」的默數到十，然後回答：「你現在說些什麼呀！」對方一定會覺得洩了氣，「你是怎麼了？好奇怪呀！」如此一來，大約也就吵不起架了。

社會上的諸多問題也常是同樣的情形。我們一生氣的話，我想的確是會有滿足感，但事實上生氣最傷身體，首先便會吃不下飯。生氣對自己有害無益，對對方也沒有好處，在所有的意義上來說，生氣的結果都是負面的。

從此點來看，我們未必一生氣就要馬上動怒，首先先退一步，想想自己是否充分具備生氣的理由，而不妨先心中默數一下「一、二、三」。如果默數之後仍想生氣的話，便表示的確有充分的理由生氣，這時候乾脆（？）就生氣吧！雖是很奇怪的說法，可是若能做如是想時，這世界中無意義的生氣不就會大大地減少了嗎？

沒有了無謂的生氣，便不會有無端的衝突傾軋。而沒有了無意義的衝突傾軋，我們的人際關係便會大爲改善，之後，生氣的情形也會再次減少。從此點來看，古人所留下的諺語「忍其可忍誰都會，忍其不可忍的才是真忍」這句話，便有重新玩味的必要。

●每一個人內心，都有自己一套不通情理的理論。

6 設身處地方能明白的「人生深度」

如果有那一家發生了非常悲痛的事，便送束花去。相反地，有了非常高興的事時也是送束花去。爲什麼在悲傷時、痛苦時，甚至高興時、喜悅時都要使用花呢？那是因爲花可以緩和對方的悲傷和痛苦；相反地，也可以使對方的快樂和喜悅增加到二倍、三倍。

這是何道理呢？那是因爲分擔的悲痛減半或減爲三分之一，相對地，分享的喜悅增加至二倍或三倍，這難道不就是我們人生中的真實嗎？

有句話是「設身處地」。例如，他人家中遭受到父親逝世的不幸，如果換成是自己的父親又當如何呢？這麼一想的話，我們便會感受到，那家的太太失去了先生一定會悲傷、會很痛苦、會很難過的。

同樣地，如果自己能接受那樣的喜悅，而覺得「對方該會多高興呀！」時，我們不也就能與之一起感到喜悅、快樂。

事實上在中國的社會中，所謂的葬禮和告別式，其實都是爲了分擔其悲傷而設的。也就是說自己的家庭很幸運的雙親都健在，不能瞭解失去雙親的心情，但是卻可以感受到親人亡故的人，想必是非悲傷吧！覺得自己至少可以分擔一些那種悲傷，所以帶束花去慰問，或是去上個香。同樣的情形，仍然可以在對方喜悅時出現。

設身處地去爲對方著想，老實說並不容易。亦即我們人類在肚子裡全裝滿污穢，當對方喜悅的時候，相反地我們會在肚子裡罵他畜牲；而當對方痛苦時、悲傷時，我們即使不至於說他活該，卻會覺得慶幸，還好不是我。這便是所謂人生的煩惱。

老實說，在我們肚子裡常是洶湧著慾望的漩渦。

有這麼一句話——

挖給你看我的心　只有野心和慾望

野心是不是真的永遠都存在，我並不知情，但是，慾望卻是隨時都糾纏著不去。這麼一想的話，我們便很難去理解不是發生在自己身上的悲痛，同樣地，也很難去領會不是發生在自己身上的喜悅。但是，社會是由相互間的人際關係所組成的，所以當對方自心中感到喜悅時，我們牽起他的手一起歡笑；當對方自心中感到痛苦、悲傷時，我們也握住他的手一同哭泣。這難道不是非常重要的事嗎？

如果能夠這麼做，而當自己喜悅或是悲傷的時候，對方不也是同樣地會拉起我們的手，與我們一起歡笑或哭泣嗎？

如果彼此之間能徹底做到設身處地、感同身受時，比起自己一人獨自壓抑悲傷，或自己一人獨自玩味喜悅，不是更能過得更有意義的人生嗎？

●不與人爭者，常得多利。退一步者，常進百步。

7 讓真心話與外在的主張更接近

雖是老生常談了，但是人們還是以爲，再沒有像中國人那樣真心話與外在主張如此不同的。

如果是外國人，在送禮物的時候，所說的是「這的確很貴哦！」或「拚了命才帶來這麼好的東西哦！」比較起來，其真心話與外在的主張是接近的。可是如果是中國人的話，則其真心話和外在的說法便相差很遠。特別是女性，甚至有可能真心話與外在主張是全然相反的。

「喲！今天穿得好漂亮呀！是法國製的吧！」「是呀！是皮爾卡登的。」「好適合你哦！真是漂亮！」，一邊嘴巴裡讚美著，一邊就在肚子裡罵些「什麼嘛！那隻猴子！一點也不適合她，我穿的話就比她好看多了！」等等亂七八糟的話。

當然，如果真心話與外在主張過於接近的話，在現在的中國社會中，可能有些勉強。

例如，帶東西給長輩、學長學姊時，或是送禮給上司的時候，如說的是「這是很昂貴的東西，是我從薪水中辛辛苦苦攢夠了錢才買到的！」，想必對方的情緒不會太好。相反的，如果接受者說「什麼嘛！！這麼微不足道的東西！你不是該帶點更好的東西嗎！」結果也一定氣氛不對。

在此意義上來說，或許某程度的真心話與外在主張的分歧，至少在中國社會生活上，可以說是必要的爲惡，可是我卻不認爲其是必要的。

可是，如果仔細將真心話與外在的主張分離開來的話，在日常生活中，我們豈非又要不能分辨何者是真心話，何者又是外在的主張了嗎？即使說出某程度的應酬話也是沒有辦法的事，可是在這些場合之外的人與人之間的交往，希望能儘量觸及內心的真心話。

我覺得說別人壞話最要不得的是，不在對方聽得到、看得到的面前說，卻專趁對方不在的時候說。這是最糟糕的事，如果想說的話，就直截了當的在其人面前說吧！

對人類來說，輾轉聽來的壞話是最令人不愉快的。相反地，如果是直截了當在眼前說給自己聽的忠告，或許當時會生氣，可是仔細一想，如果能明白對方是真正關心自己，便會覺得相當有用。

其次，如果當面給予忠告仍不能對他有所助益的話，那麼這便是個沒有前途的人，就此放棄了他倒比較好。

說到這裡也許有些說得過火了，總之，在我們的社會之中，要儘量以真心來對待他人。只有這樣，當我們每一個人碰到真心話時，才會有全盤接受的心理準備。

光說應酬話並不能使這個社會和諧地運轉。當然，如果都是真心話時，這個社會有可能會變得不穩定。但是在現實的社會中，爲使大家的努力得到成果，儘量地使真心話和應酬話更接近，是相當必要的！

●完善的美德，是背地裡也做可以公開於世的事。

8 常懷「死之宣告」而生存

一到正月新春，我們就會道聲：「恭禧、恭禧！」互相祝賀。一年又一年，每當添了新歲，人們便要說聲：「恭禧！」，但是，我們人類，不！不光是人類，凡是一切生物，既有了生，便非死不可。

「人類的死亡率是百分之百」，第一次聽到這句話的人都會嚇一跳。若要仔細計算，例如，癌症的死亡率是多少，腦中風的死亡率是多少的話，所有的尾數都會一清二楚地出現。但是，人類的死亡率卻是毫無疑問的百分之百一個整數。

有個名和尚說過一段話──

是我先　是別人先　今日也不知　明日也不知

話雖這麼說，事實上我們每一個人所想到的只是「別人先、別人先」，絕對沒有人會去想是「自己先、自己先」。

如今，人類的壽命顯著地延長，雖然不管是男是女都能在世界上活得更長久，但是既然生了下來，則在某個時候，也無可避免地非死不可。因此，即使盼望正月的來到，對我們來說，並不意謂著死亡之神正在那兒守候著我們。正因爲我們並不知情，卻無異所有的人類全被宣告死刑。宣告死刑之日，沒有一人知道，而事實上總有那一天，我們非向這個世界告別不可。

若能這麼，在我們每天每天的生活中，便不會有今日過了還有明日，還有後天；今年過後還有明年的想法，而是把今天這一天、拼命地、努力地去充實渡過。

當人們互道「恭禧」時，仔細反省一下，便會首先注意到，死亡遲早也會降臨在自己身上。而且，在所有的生物之中，只有人類會事先知道自己是非死不可的。其它的動物被棒棍所打時雖也曉得要逃，但是無論如何，牠們怎麼也不會料想到自己遲早都得死。

正因爲如此，身爲事先知道「死亡」一事之人類的我們，難道不該坦然面對死亡，在非死不可的人生中，做一個真正的人類，把每天都生活得有意義嗎？如此一來，人類的死亡百分之百這句話，便是一個非仔細考慮不可的重要問題了。

9 「自助本願」的生存之道

自古便有一句人們常掛在嘴邊的話「平時不燒香臨時抱佛腳」。平常並不如何殷勤地參神拜佛，可是一旦家中有人生病，或是明天有就業考試，或是明天有什麼非做不可的大事，只要是困擾或痛苦時，便急急忙忙地四處參神拜佛。

可是，若將痛苦時拜的神明換成是佛的話，又完全不覺得有啥差別、妨礙。而到處求，到處拜，卻全然不見效時，又要放下「這世上真有什麼神啊佛啊」的狠話來。

這種對神，對佛完全亂七八糟的看法，幾乎要惹得佛祖說出：「你說的什麼話呀！你呢！一開始就專拜託那些痛苦時求的神，到頭來再責任往我身上推，我可沒法子啊！」求得各種的護身符，便以爲有了那些，總該有些好處吧！

以前便有過一些人把許許多多的護身符掛在車子的擋風玻璃下，以爲有了仗恃便不肯好好注視前方而發生車禍的。人們就是這麼迷信地到處求神拜佛，叫人忍不住要諷刺一句：「發生了這種事，你自己大概也不知道要把責任歸咎給誰好。」

哦……是這樣啊！「那麼閣下的信仰是？」我的回答是：「我是無神論者，什麼神啊佛的一概不信。」當然，信仰是個人的問題，並沒有人規定一定要信仰某個教才行。

但是，從臨時抱佛腳這件事來看，中國人並非無神論者，而是知論者，亦即神、佛區別不清的所謂宗教無知，只在發生事情時才求神拜佛的人種。

例如，明天就是大學聯考了，在此緊要關頭才趕去求文昌大帝，「無論如何保佑我猜題對」「無論如何讓我金榜提名」等。但是，求的人多，錄取的卻有限。如此一來，那些神明佛祖們，到底是基於什麼原則，讓哪些人榜上有名？又讓哪些人名落孫山呢？

被問得緊了，便說：「胡說，只要拚命參拜，會如願的。」若是真的，又何必讀什麼書呢？只要每天每日不懈怠地參拜不就成了嗎！

也有些人以為，多捐些香油錢就萬事如意，真是這樣就更不成問題了。

現在則有種說法是，只要往機關後門親自多送些錢去就可以如願，真是個奇怪的社會。不論是哪種情形，不都反映出中國人那種過度而無章的「臨時抱佛腳」的心理嗎？

然而，人們並不認爲護身符是沒有用的，爲什麼呢？

帶著護身符而沒發生任何意外，便以爲是「啊！多虧這個護身符才平安無事」，或是即使發生了事故，也認爲「啊，還好有這護身符，才能身體無恙」。到底受傷了，仍是「啊，總算保住一命」。要真的死了，卻也已經沒辦法向陽世說：「不是已經求你保佑了嗎？怎麼終於還是死了呢！」

正因爲如此，即使仍不認爲護身符全然無效，但是，首先也要能充分發揮自己本身的實力不是嗎？

特別是，如果真是那麼想要求神拜佛，至少先弄清楚是哪位神，哪尊佛，單獨一個神，還是一群佛，而經常地前往參拜不是比較好嗎？

●凡人做一件事，便須全副精神貫注在這件事上。

10 「一發必中」的心情瞄準目標

雖然有些人平日常說：「我什麼信仰也沒有」或「我是無神論者」等。看似很偉大的話，可是一到正月初一、十五，就會到全國有名的寺廟去參拜。正如一位法師所說的——

什麼事情全不管　只管誠惶誠恐掉淚珠

也不曉得自己要去參拜的寺廟供奉的是何方神聖，就這樣貿然前去。而且一旦去了，多半就會獻上香油錢。

最近聽到一件令人聳然吃驚的事，聽說台灣人每人所獻出的香油錢，平均是六塊錢。拿這些話去告訴人，多數的人聽了之後會回答：「說什麼笑話！即使再少也絕對會獻上十塊錢左右。」

但是，那只是外行人的淺見罷了，事實上，如果夫婦一道去的話，一人出了十塊錢，另一人就不再出。戀人同行也是一人出了另一人就不出。親子一塊兒去也是同樣的道理。所以平均約六塊錢左右。

才奉獻六塊錢這麼一點兒錢，到底要求些什麼呢？答案是一年三百六十五天每一件事都求。例如，請讓我的生意做得更興隆吧！請讓外子早些升任總經理吧！我家裡尚有個待字閨中的女兒，無論如何讓她今年碰到對象……等等，所有的事都拜託，卻只出六塊錢。而且，更嚴重的是「今天還有一些時間，待會兒回去時順便再到這兒、那兒拜拜」，到等初一拜神時，更是沒完沒了，這家求完了換那家。

這種想法便是所謂的「再笨的砲手，連發數擊也會中」。這個那個的神佛都求過拜過，那麼多神明中總會有一個保佑我吧！

連自己所參拜的神、佛的名字都不知道，就十元或百元、千元左右的香油錢拿出來奉獻，即使只有一次，只要真能治好病倒也還算便宜，只是奉獻了香油錢後，到底能有多大效果呢？

而往深處考慮一下，國人初一、十五或新春參佛拜神，並非真的有什麼信仰。如果是女性的話，無非是覺得，好不容易才做好的新衣服，趁著機會，至少也穿著衣服到處秀一下。或是覺得，在一年新春之際，能到某處參拜一下，精神上會比較清爽罷了。

但是，即使如此，人們還是「再笨的砲手連發數擊也會中」式的隨心所欲地年年改變參拜的去處，或並不是平常習慣去的寺廟，而是一年只去參拜那麼一次，這不是不太好嗎？

至少，弄清楚自己要去參拜的神佛是怎麼樣的神佛？以及爲什麼要去參拜的理由，這才應該嘛！

如果不是這麼做，則在現實的社會中，結果不是形成了一種模稜兩可、敷衍了事的生存方式了嗎？不可以是「再笨的砲手連發數擊也會中」的心態，而是要努力瞄準目標，絲毫不差地一發即中。

●如果你懂得使用，金錢是一個女僕，
如果不懂得使用，它就是一個主人。

11 將「四苦八苦」轉悲為喜的最上佛法

「昨天實在很苦惱，簡直是四苦八苦都遭遇到了」，在日常生活中，我們常會使用到四苦八苦這個語詞。那麼這四個字又是什麼意思呢？幾乎所有的人都不明白其所具有的涵義。

事實上，正如字面上的四或八兩個數字所示，我們的人生當中大致可以區分成四種或八種的苦，所以有四苦八苦的字眼。

當然，所謂的四苦八苦，並非代表全部加起來共有十二種苦，而指的是前四種苦加後四種苦，總共八種苦。

最初的四苦是生老病死，初生、老去、生病、逝世等四種。這之中也有不經過中間老、病二個過程，而是一生下來，年紀輕輕的便早逝，或是生了下來，上了年紀，卻無病無痛地忽然暴斃。只有一件事是正確無誤的事實，那便是，既生了下來便非死不可。

有位信徒曾經要求某位高僧「寫下一個值得慶賀的字眼」，這位高僧提起筆來流利地寫著：「親死、子死、孫死。」信徒看了大驚失色：「不要尋我開心了！大師，我請您寫的是值得慶賀的字眼，您卻寫的是『親死、子死、孫死』，這是寫的啥東西啊！太不吉利了。」此時，高僧回答他：「哦！那你的意思是『孫死、子死、親死』才值得慶賀囉！」這段話便流傳下來，成爲有名的對話。

我們人類的人生過程中，大體上是先死了雙親，接著是子女，再來是孫兒，因此，如果是老年人先死，在某種程度的痛苦上我們還可以忍受。然而可嘆的是，人生之中有所謂的逆緣，雙親失去了子女，或是祖父母失去了孫兒的情形，到底不是沒有。

有人親人去世了，獨自背負著痛楚，在口中嘆息著，爲什麼只有我必須嚐到這種痛苦？但是，世界上所有的生物，自己活得愈長久，便得看著身邊的人，一個接著一個地死去。

不只是家人，朋友，或親戚，或熟人、鄰居，我們都會失去他們，而這就是人生。並且，自己本身活得愈久，就會失去更多身邊的人。

當我們抱持著這種想法時，便要想到，不光是我們自己才要接受這種痛苦，凡是人類都逃避不了，所以，我們每個人都要戰勝這種悲痛，即使怎麼苦也要堅強地活下去。

不能因爲痛苦，便陷入痛苦中不能自拔，或是感慨「人生只充滿了苦楚」，而是要在痛苦的人生當中，想辦法克服痛苦，活出蓬勃、朝氣的人生，這才是人生，不是嗎？

在細細領略這四苦八苦的悲痛時，如何能把這充滿痛苦的人生，轉變成喜悅的人生呢？這便是加在我們每個人身上的最大課題了。

●天才在逆境中才能顯出，富裕的環境反而會埋沒它。

12 生活在不論何時會失去也不後悔的愛中

人生有四苦八苦，想必大家都知道了。前面已先說明過最初的四種苦，現在要談的第五種苦便是愛別離。

再深入一點兒說，便是「從愛的那一日起，痛苦也隨之而生了。」這是千真萬確的事實，人生在世，最最痛苦的，難道不是與自己所愛的分離嗎？

「啊，孩子出生了，真是太好了。」或是「生了好可愛的小嬰兒，真是恭禧」，我們常常聽到類似的話，但是仔細一想，這真的值得恭禧嗎？

「聽說您生了小寶寶，我真是同情您哪！」如果有人這麼說，大概會惹來「喂喂，別胡說。我可是高興得很」，這樣子的回答吧！

「但是，你拚命努力地，會爬了之後要他站，會站了之後要他跑，殷切盼望中撫養他長大，可是一長大了，也不知是被什麼男女傢伙迷住了，把雙親一腳踢開就走掉了。所以說真的值得同情。」

這麼一來，大概爲人父母的都會頂你一句：「不要胡說，我才不會那麼悲哀，我一定把我的小孩教養成一個孝順的孩子給你看。」

即使真教養成了孝順父母的孩子，可是沒有雙親和子女一起死的道理，而當自己先行死去，便非留下可愛的子女而死不可。這該多麼痛苦啊！這麼一來到底仍要說「真是値得同情」。

事實上，仔細地想想，這的確是千真萬確的。如前所述，從愛的那一日起，痛苦也隨之而生了。有些女大學生，每到星期六、便心不在焉、坐立難安了。

這些大概都是有男朋友的。可是，一到星期一，又鬱鬱寡歡了。那是因爲，到星期六之前都不能與男友會面而感到難過。而那些沒有男朋友的女孩們，不論是星期六、星期一都心平氣和，有的只是「今天要去哪兒呀？」「今天該洗洗衣服什麼的」等這類感覺。

之所以如此，乃因爲人類一旦有了愛的對象，就會產生想永遠與對方在一起，或是住在一塊兒的心態，可惜的是，所謂人生，即使不是死別，也會有生離。

這麼一想，所謂愛別離的痛苦，不就是時常與我們的人生相糾纏的問題了嗎？

那麼，要怎麼做才沒有這種痛苦呢？很簡單，停止去愛便可。只是，說是這麼說，對人類來說，停止去愛卻是難如登天。不，或許不能說是難如登天，簡直是不可能。即使要小孩不愛雙親，或是擁有小孩時不去愛他們，或是不要愛丈夫、不去愛妻子，這都是不可能的。

愛之一事的確是痛苦的開始。而只要能考慮到有愛便有分離，那麼，如何珍視今日一日所擁有的愛，便是一個相當重要的課題。

在孩子的成長中感受喜悅。不停地愛他們，在其中發現快樂，即使分離也不後悔，這樣的人生，不正是我們所要期待的嗎？

●一個受了不良教育影響的孩童，等於走失了方向。

13 工作常與討厭的人牽連在一起

在某報紙上刊登著這樣一則讀者投書。

「我的母親常常對我這麼說：『你是長男，所以長大後跟我一起住。』可是，我的父親雖是長男，但並沒有跟父母一塊兒住。爲什麼呢？因爲不喜歡母親。大人們真是隨意獨斷。」

我被這封讀者投書深深地打動。自己千辛萬苦愛護養育成人的孩子，長大之後一定會孝順父母吧！一定會跟父母一起住吧！抱持著這種想法的雙親們，對於自己的父母，又做了怎麼樣的一些事呢？

在我們的人生當中，即使討厭的人，也必須跟他們一起生活。或是即使是嫌惡的人，也非與他們共事不可。

事實上，四苦八苦中的第六種苦便是，與所憎、所怨的人處在一起的痛苦。例如，對學生來說，如果非選不可的必修課之任課老師是個討厭的傢伙，真的會很不喜歡去上課，而對任職於公司的人來說，如果一起共事的同事是個討厭的人，或上司是個討厭的人的話，那就更痛苦了。

酒吧中的商人或職業婦女，最常聊的話題便是上司的壞話。「爲什麼我們課長總是這樣、那樣」「我們經理是如此這般……」種種的壞話都說出口了。在眼前都是一副順從的態度，或是對對方所說的都洗耳恭聽，可是一旦到了背後，各種的指責都出籠了。

但是，仔細一想，即使是再討厭的傢伙，既然是自己所進的公司，就非得一起共事不可。更何況，如果住在同一家中的人有討厭分子的話，就真的很苦了，連我都很同情。

然而，再想看看，其實製造出痛苦理由的乃是自己本身。亦即，正是因爲自己怨恨、討厭對方，所以會覺得與其一起做事、一起生活、一起講話是件痛苦的事，但是，如果完全不帶怨恨、不含憎惡的話，即使在一起，也不會特別地感到痛苦或難受了。

有個不懷好意的婆婆，作了一句下聯給媳婦看。

傳稱世上一鬼婆

「來，對個上聯給我看看」，媳婦一聽說，馬上便接了上聯。

賽佛心腸人不知

如此一來便成了——

賽佛心腸人不知　傳稱世上一鬼婆

這麼一對，婆婆也就完全沒有生氣的必要了。

同樣的事情，不也適用於社會上所有的場合嗎！例如，那些在背後罵上司的人，對上司而言，難道就真的是好部屬嗎？或者，如果叫上司跟自己一塊兒做事，難道也能很愉快地把工作完成嗎？這麼一想，便會發現這仍然是雙方面的問題。

反過來說，自己這一方如果怨恨、憎惡的話，對方不也同樣地怨恨、憎惡嗎？是不是當你停止去怨恨、憎惡時，對方也才會開始試著去考慮你的立場呢？雖然我說過，即使和討厭的傢伙也要互相協調努力，事實上我們不是也有必要去反省，製造出討厭傢伙的，其實是我們自己本身。

●承認錯誤能澄清一切，並使人比以前更有智慧。

14 理想的「慾望」處理方式

人類的慾望是非常強烈的東西，特別是物慾、金錢等，對物質的慾望真是非常的強烈。再深入一兒說，金錢累積得愈多，對金錢愈是吝嗇。例如，在公共募捐或匿名捐款時，不知爲什麼，真正會拿出錢來的不是有錢人，反而多的是一些並無多少錢的人們。

以前流行的一個電視廣告是「先有十萬元，今天開始你就是股東」。那些還沒存夠十萬元的人或許會失望也說不定，然而如果存足十萬元，下一次目標便是二十萬元了。那麼二十萬元就滿足了嗎？答案是不。不次便是五十萬元、一百萬元。也就是說，人類的慾望是沒有止境的。

我們的慾望追求，到底要到何種程度才能滿足呢？每年幾乎都會發生要求提高工資的示威遊行。那麼，是不是只要能得到自己所要求的工資就會高興了呢？答案也未必。

亦即，一開始的三個月可能會很高興地歡呼「太棒了，太棒了，工資提高了」，可是不要半年，又要要求再加一點、再加一點，如此這般，人類的慾望是永無止盡的。

那麼，究竟要將工資提高到何種程度才算滿意呢?例如，現在拿一萬元薪水的人，一旦提高到二萬元便滿足了嗎?未必。二萬元的要求三萬元，三萬元的要求五萬元，而且永無止盡。

對於名譽的追求也是同樣的情形，所有的人都在追求、追求，而一旦不能如願，又要引以爲痛苦了。

而所謂的四苦八苦中的第七種痛苦即是「求不得的苦」。要想滿足我們所有的要求、慾望，很可惜在這世上是不可能的。爲什麼呢?

即使一個人獨得了全中國的東西，仍然不能滿足，只要地球不全部只屬於一個人，那麼首先便無「滿足」這回事。只要我們一天不發現自己無窮的慾望，我們也就一天不能得到幸福。

得到某種程度的金錢，或是以得到某物爲目標，即使能夠有某種程度上的滿足，然而在數量上仍是有限的。但是，只要是人類，不管是誰都渴望幸福。而渴望幸福的人，到底要怎麼做才能得到幸福呢?

我想送給諸位的一句話是「寡慾而知足」。再追根究柢的話，即是「我們只知滿足」。這是什麼意思呢？

亦即，愉快地接受今天我所得到的。這麼說可能會招致他人的反駁「少開玩笑了，照你這麼說，不就都沒有進步」。但是，對於真正努力過的人來說，今天所得到的這些，就值得感謝而滿足了。

不夠充分、充實，便說「知足」的話，或許有些勉強。但是拚命努力的結果，對於今日所得的一切能否以一種「啊，太感謝了」的心情去接受，足以決定其人是否可能獲得幸福。

「寡慾而知足」這句話，希望大家能充分地領略、玩味。

●一個人一定要站起來，不是由他人參扶著站起來。

15 心要如「白紙」方能進步

「愚者而知其愚，此乃賢者。」這句話出自『法句經』。人類總是很難去承認自己是「無知」亦即「愚者」。

事實上，即使我們口中說的是：「我實在是才疏學淺。」「我真是愚笨，什麼事都不明白。」然而心中所想的卻是「至少不如你淺薄」「即使如此，我知道得也夠多了」。

就拿筆者來說，如果我真相信自己是無知、是愚者的話，就絕無可能會寫出這本可能有多數人閱讀的「書」了。至少我深自以爲，在自己所專研的宗教和佛教方面，我是比其他多數的人所知更多。

人類是有限的存在，因此，理所當然不明瞭的事情直如山高。

曾有個佛門子弟向佛教的創設者釋迦牟尼佛問道：「佛陀，您的勸說，是真實教義的全部嗎？」釋迦牟尼佛告訴他：「真實教義的數目，就如遠處可望見的大森林中的樹木其全部葉子的數量，而我所教導於你們的，只是其中的一葉罷了。」

連達到佛陀境界的人類都已是如此情形，我們這些平凡的人類，不論如何地努力，竭盡一生所積蓄的知識，實在只有細微的一點兒，而我們所知的，亦不過是冰山的一角罷了。不知道的事情就說不知道，這的確需要相當的勇氣。普通的人是很難去承認的。

「問了是一時之恥，不問則是一生之恥。」正如此話所言，不知道的事情不坦白說不知道的話，反而帶來更大的恥辱。

我們常用「會走路的百科全書」來形容一些看來好像什麼都懂的人。然而即使是這樣的人，其不懂的地方仍是相當的多。甚至不懂的事中，有些還會讓人驚訝「連這樣的事也不懂！」

既是好不容易身爲人而擁有生命，那麼，最重要的便是儘可能地努力去求取更多的知識。但是，愈努力愈感覺到自己的無知，如果不然，不過是一個自滿的傢伙罷了，不是嗎？不知道的事情就坦誠說不知道，而且一定要想辦法將不懂的地方弄懂。如若不然，漸漸地，連自己不明白的地方也無所感覺，變成了一個十足傲慢自大的人了，不是嗎？

16 「無常觀」是積極地活在人生中

一首有名的歌是這麼唱的——

雖被憎惡而無意戀世，強如被愛而死

事實上在我們年輕的時候，如果被問到：「你想活多久呢？」我的回答是：「當我年老時，與其遭人非議『哎呀！那傢伙為什麼不早些走了呢？』『喲，那傢伙還活著啊！』寧願讓人感嘆：『真可惜那人去世了，真希望他能再活久一點！』而死去。」

以前人們說「人生五十年」，只要能活到五十歲就被認為夠長了。然而就現實的問題來看，現在一旦活過了五十歲，就不覺得活到五十歲便滿意了。

人類究竟是活到幾歲才會覺得滿足呢？一開始的說法可能是：「至少得活到孩子們都長大成人，可以獨當一面為止。」實際上，等到孩子都長大成人了，其說法就會變成：「至少得看到孫子一面。」不久，第一個孫子的面也看到了，馬上又：「至少得這個孫子上幼稚園」，或「至少等上了小學」，然後一步一步上升，「至少等這個孫子娶了媳婦」，「至少讓我看到曾孫的臉」……等等，不論如何，人類的慾望是無止境的。

然而，遺憾的是，正如「花無百日好」俗諺所說的，這世界上沒有一件東西是屬於永恆的。雖然我們通常稱這種現象為「無常」，可是，一般人只要談到無常，就都以「啊，我也是不知在何時就非死不可」之悲觀的看法來看待它，以為這就是所謂的無常觀。

其實並非如此。雖說人之既生便終究必有一死，然而究竟如何做，才能在這非死不可的人生中生活下去呢？當你能這麼地思考下去，事實上，就是所謂的無常觀了。

四苦八苦中的第七種苦「求不得苦」當中也包含了年齡問題。亦即，到底我們要活到多久才好呢？人們大約總是說「活到今年就夠了！」或「無所謂，反正要來的就來！」等等看似偉大的說法，可惜的是並無所謂「到此即好」的年齡。

我們總是活得愈久，相反地慾望就更高漲，而老想再活久一點，再活久一點。古時候，人們求長生不老而發明許多藥，這種治療法好、那種治療法好等的研究，便足以證明人類想永生的慾望。

可是，重要的不是想活到什麼時候，而是不論活了多久，自己究竟要活出怎樣的人生呢，這才是重要的不是嗎？

一般人總是抱持著即使只有一日也希望活得更長的心態，只是，如果單單只是活得長，又會成爲什麼樣子呢？

如若仍是活得長，則單就「活著」的意義，便得生存下去不是嗎？希望讀者能再一次好好思考一下。

●一個人應該絕對相信的是，不要把事情看得太嚴重。

17 宗教和生存方式的平衡感

現在大部分的國人對宗教的關心都相當地淡薄，雖在傳統習俗上仍留有各種宗教的行事，然而在現實的日常生活當中，可以顯見幾乎完全不帶任何宗教意識。

但是，從另一方面來看，也有對宗教過度關心，整個的生活完全與宗教活動相結合，或是遍歷各種宗教，以致成爲一種宗教中毒者（？）等等各種情形並非沒有。

到底宗教這種東西，對人類而言究竟具有何種意義呢？

在西方社會中，大體而言宗教是人類不可或缺的東西。因此，一個沒有宗教心的人，可以說已經不具備身爲人類的價値，而不過只是一種生物，抱持著上述想法的人相當的多。

相反地，對中國人來說，不具宗教信仰者卻是身爲知識份子的一項證明。而信仰宗教的人，就被認爲是鄉下的古式人類了。

因此，一旦看見有人熱衷於某種特定的宗教，或是抱持著對宗教的關心而去研究、實踐，便會議論說：「那些人全是沒有了宗教便不能生存的軟弱人，全是些不相信科學之非現代的存在。」

如此一來，不但對宗教漠不關心，甚至拒絕宗教，或是對其抱持著一種嫌惡感，漸漸地便遠離宗教，不論過了多久，都無法得知宗教的本質。

在此，我們非作如是想不可的原因，在於所謂宗教狂熱者的存在。全賴他們，成了青年與知識階層人士遠離宗教的原因。

也就是說，並非是冷靜地接受宗教，將之視爲自己的生活依靠，而是狂熱地相信「自己所信奉的宗教才是唯一的真實，而只有想盡辦法使他人也進入自己的宗教，才是自身唯一的生存之道」。就如賽馬時的跑馬一般，只朝著單一方向努力奔馳，相反地，卻使得更多的人將其視線自宗教移開，希望那些正在這麼做的人都能注意到此點。

當然，與此相反的，也有一些只專心一意於追求宗教性的知識，只研究所有的宗教與關於宗派間的內容，扮起一副十足宗教之專門家的樣子，這些人同樣是使人爲難的存在。

爲什麼呢?因爲無論你是如何地擁有多豐富的知識,卻不能與信仰相結合,何況對人類而言,亦難成爲一種生存的喜悅。

的確,若沒有某種程度的知識,便不可能成爲其宗教的信徒,而如果完全沒有絲毫有關知識便加入信徒的行列,毋寧只是一種盲目的信仰罷了,然而有必要知道的是,不論具備多豐富的知識,也不能說是就此便與信仰有了連繫。

就以上所說的歸納來看,只倒向某特定的宗教,對其它宗教目不斜視,像發了瘋似地整個生活都投入其中,或者完全背道而行的。只專心於客觀地去瞭解宗教的教義,對所謂的信仰絲毫不注意,兩者在宗教上來說,都是極端危險的陷阱。

的確,過與不及,其實都是一樣的。

●錯誤最多者,莫過於不承認錯誤的人。

18 比今生更嚴重的「冥土」的女性差別待遇

在現代，世界各國均在呼籲男女平等，然而在所謂的世界宗教中的大部分，甚至是民族宗教或新興宗教，在其教義之中，幾乎都包含有女性差別待遇的內容。這個事實很意外地竟不被知道。

其中特別明顯的是，來自儒教之影響的所謂「三從之教」，在台灣，許多人相信這個原因使得女性成佛成為困難的事。

所謂「三從之教」，指的是女性「未嫁從父、既嫁從夫、夫死從子」，一生中一定得遵從某一個人，這種現象，使得成佛前之必要的修行或擁有信仰等，成為一項困難的工作。

當然，十二世紀時所創設的新佛教派，幾乎都主張「女人成佛」，站在認為女性也有成佛之可能性的立場，然而到底仍得「變成男子」，亦即必須是在轉生為男子的條件下，而絕非是倡導以女性之身也可成佛的。

叫人吃驚的是，現存的各種佛教宗派，包括新興佛教體系的諸宗派，在此教義上，仍未曾有改變。

幾乎令人想疾呼「不要開玩笑！」不是嗎？

而在現實上，現在幾乎已經看不到忠實地實踐「三從之教」的女性了，相反的卻成了「三不從之教，也就是未嫁時拂逆父親、嫁後欺壓丈夫、夫死踢開兒子」，這種女性並非少數。

如此一來，女性的權利增加，何止是男女平等，簡直可以看出女尊男卑的傾向了。在這種時代中，如果以往的女性差別立場仍未改變，可以說這就是很大的時代錯誤了，不是嗎？

雖然並無必要說什麼——女性比男性成佛的可能性強，或女性較早得救，甚者，女性成爲救濟的對象乃屬正當等等，但是至少在此之際，我們有必要重新考慮在成佛、救濟，甚者往生極樂淨土的教義上之性別差別待遇。

在「男子繼承」之觀念依然強烈留存的中國社會上，這種現象並非那麼簡單地可以改變，而且或許亦不能完全無視於各宗教之「根本聖典」中所載的事情，即使如此，對此問題若不能充分地考慮的話，不久，所有的宗教不都將遭致女性的不理不睬了嗎？

但事實上佛教中尙有所謂的「五障」，認爲女性具有五種障礙。其中之一便是「女性絕對不可以成爲佛陀」，對於此，我仍要再次強調，佛教必須朝適應於現代的教義方向，來一次重生的脫胎換骨。

無論如何，所有的男性毫無例外地全是從女性的肚子裡生出來的，而如今的時代，絕不可能容許「肚子是借來的東西」，這種看似偉大的吹噓之存在了。

●恨和恐懼都是心理的變態，使人們憔悴。

19 與其講究吉凶莫若追求實際利益

現在在台灣一年之間約有十萬對人結婚。十萬對新人當然就是二十萬人了。不過當然每一年都有增有減。

這十萬對新人到底是在哪裡結婚的呢?根據統計,令人吃驚的,其中百分之九十以上是在神的面前結婚,亦即佛、道教的諸神、佛面前結婚。而且這之中大部分的結婚儀式是選在所謂的黃道吉日。

與其相對的,如果是選在佛滅日結婚的話,將來一定會招致不幸,所以絕大多數的人都會避開佛滅日。所謂的佛滅日指的是佛去世之日,而不管佛陀如何偉大,難道不曾發現每六天就死一次也太無聊了嗎!

總之,國人對真正的宗教,或是對信仰都無甚關心,奇怪的是,卻相當地講求吉凶之兆。

我們常說:「今天茶柱立起來是個好運兆。」可別說笑話了,如果說茶柱立起來就是吉兆的話,最便宜的茶葉中有一種莖茶,只要買來莖茶一沖泡的話，立起來的茶柱怕不只十根、二十根。把這些立起來的茶柱用鑷子或什麼的夾起來，每次客人來時就放一根在茶裡頭，然後客人不就會很高興的說：「一去那裡，便給我好運兆的茶喝」了嗎？其講究吉凶到幾乎令人想對他說出這麼一番諷刺的程度。

距今約三十年前，在那一年所謂的丙午年間出生的小孩，較之前年及後年顯著地減少。我說：「就那麼迷信嗎？」對方的回答是：「我並不怎麼相信，只是父親、母親、祖父、祖母全不喜歡。」「別開玩笑了，是你要生孩子可不是他們，你的自主性消失到哪兒去了？」

我時常跟現在的年輕人說：「你們啊！結婚的時候就選佛滅日好了！」他們總回答：「少開玩笑了！一點也不吉利。」然而，在佛滅日結婚卻有二個很大的好處。現在只要是在佛滅日結婚，則不管是何種形式的結婚服務行業，大概會打個八到九折，而且因爲結婚的人少，不管是什麼項目、什麼地點都是百分之百週到的服務。

在台灣的社會中，很遺憾的是迷信猖獗，講究各式各樣的吉凶之兆。例如，最好的例子便是天支，即所謂的「子丑寅卯辰巳……」，如果你是子年出生的，不論如何你都會收集非常多的小東西，諸如此類的迷信非常多。其它還有手相、面相、方位、姓名判斷等五花八門、繁不及載。我並無意指稱這些全部都無科學根據，但是，只爲了這樣的事情而忽則喜、忽則憂的話，爲什麼不更認真地思考一下所謂的人生呢？

不要只想到選個黃道吉日結婚就可得到終身幸福，而是必須朝著使自己的結婚生活過得好的方向去努力，不是嗎？

如果只爲世人所言的風俗習慣所惑，而因此一喜一憂的話，爲何不多擁有一些自主性，靠自己去努力呢？

容我斗膽進言，至少，對認爲光講究吉凶之兆就可獲致幸福的人來說，絕對不可能真正地擁有幸福。希望諸位不要在意那些迷信，而相信自己的能力，努力地生活下去。

● 淨心寡慾，便能保持精神上的快樂。

20 「緣」是不變的，「因」則來自於自身的努力

在前項所說到的「講究吉凶之兆」，因爲常常被誤解，所以在此我們來考慮一下其原來的意義。

所謂吉凶原來自「因緣生起」，亦即「在這世上所有存在的現象，毫無例外地，全是直接的原因（因）和間接的原因，或被給定的條件（緣）所引發而生的」。

也就是說，一個人會成爲地球上某一家的一個男人和女人的某位兒子或女兒，並且被誕生於現代這個時代，這個事實全是早被給定的條件，與其本人的意志並無直接關係，這就稱爲「緣」。

與此相對的，其人一生究竟如何地生活，這雖也在緣之中，但因其乃依個人的意志所決定的，所以稱爲「因」。所以，不管你是多麼不願意，這種既定條件的「緣」是沒有改變的道理的，但是，至少在「因」方面，可以憑

自己的努力與意志而改變。

當然，不論如何努力，如果既定的「緣」不好的話，努力的結果仍然有限。即使如此，隨「緣」而放逐流之，與在「緣」中做最大的努力，當然結果會有很大的不同。

所謂善因善果、惡因惡果，累積好的「原因」，當然會產生好的結果，而累積壞的「原因」，當然就會遭致惡果了。

但是，如前所述，不論其人的一生是如何不間斷地實踐良好的行為，如果其生而被賦予的「緣」極端惡劣，未必就會有好的結果吧！而相反的，如果是天賦的條件相當優秀，即使沒怎麼努力，未必就得不到好結果吧！

重要的是，如果對既定的緣感到絕望、死心，或是悠然自得的話，其結果必是，即使不在其人的一生，在其子或其孫的時代中，將有可能會出現惡緣。

例如，頭腦、容貌、家世、財產雖然全是直接地受自雙親或祖父母，然而使其更好或更壞，則完全是接受者本人的責任，而其結果會導致所留下給後代的究竟是好還是壞。

就是這樣，所謂因緣生起的想法原來是應該極具建設性的，可是不知不覺間，其本人全然不努力，單只表面的，浮面的接受，而演變成「迷信吉凶之兆」，實在可悲。

照理說，現代人應該都要能瞭解，不論如何講究吉凶之兆，不努力的話便什麼也不是，可是究竟是爲了什麼原因，每個人都誤以爲只要講究吉凶，幸運將會從不知名的地方飛舞而來，真是令人困擾的事。

熟知因果報應的道理，只是「躺在床上等待果報」的話，不管到什麼時候，幸福都不會真的來臨，這一點希望大家都能明白。

●你必須先對自己忠實，然後才不會欺騙別人。

21 心存「今日即最後」之想法必能成事

有某個宗派對「臨命終時」這四個字非常重視。這是什麼意思呢？即是，若能抱持著「今日即最後」的想法，則人類就會變得非常努力。如果認爲還有明日，還有來年，還有大後年的話，其一生絕無可能真正的努力。「臨命終時」四個字所說的正是這個意義。

有句話是「一生一會」。當你想到今日在一起的人，將來根本不知是否仍有再聚的機會時，不是就會真的對其人誠心誠意，極力與之相處嗎？

例如，今天爲工作的關係而有緣相處的人，說不定明天就調到其它的公司去了。或者更糟的是，可能因爲交通事故而喪生也說不是。

這麼一想，對於現在處在一塊兒的人，盡力地與其交往，不就是一件相當重要的事嗎？

這或許有些難，但有句話說：「修成人身難，現在立刻修。」自己做爲人類而出生，該如何有效去利用這個事實呢？這不正是我們必須仔細思考的問題嗎？

這麼說諸位是否真的相信我並不知道，但是倒有所謂的「輪迴」之說。由於自己所做過的事，說不定將來就可能變成其它的動物而誕生。

不管如何，我現在是生而爲人。而且不只如此，雖是奇怪的比喻，但是人類卻是好幾億的精子中唯一的一個達到卵所在處，與其結合而產生的。在此意義上，今天我能生而爲人類是一件多麼不容易的事啊！只要能明白這一點，則生而爲人的我們，對於每一天，以及所相處的每一個人，究竟要抱持何種態度，怎麼去做，相信諸位都充分地理解了吧！

有首歌是這麼說的——

值得感謝　今天又讓我活了一天

我覺得是一首相當有意義的歌。真能心存感謝接受今天的人，到明天仍是會心存感謝，自己又活過了一天。

亦即，我們一面品味著身爲人類的喜悅，一方面也能懷著今日即是最後的心態，便能發揮全力去生活。

在小孩子之間流行著這麼一番話：「爸爸，媽媽！我不曾記得去求過誰要你們把我生下來呀！是你們自做主張把我生下來的不是嗎？反正要生，爲什麼不把我生得漂亮些、聰明些呢？」

這個時候我會這麼回答他們：「做雙親的也拚命努力，想要把你們生得好一些，可惜卻只能做到這個程度，但是又想，這或許也是什麼緣吧！所以也就拚命努力去撫育你們了啊！」

可是這麼一說，便引來了親子間的爭吵。到底仍要心存萬分感謝之心來看待自己生而爲人，方才可以體會到生而爲人的喜悅。

而且，在每日每日的生活中，即使今天是我生而爲人的最後一天，在今天一天之中，我也絕對不會採用會使我後悔的生存方式，我所要說的「今日即最後」的意義便在於此。

如果能實踐一種懷抱著「今日即最後」的生活方式，即使到了明天，仍舊會心存「今日即最後」而生存下去。

●除非自己跌下去，否則你不知道有多深。

22 不要在綠色信號時通過

佛教的修行中有所謂的六波羅密。六波羅密或許會叫人覺得是困難的辭彙，但是現在仍有所謂的「六波羅的入道」這個詞，諸位至少聽說過吧！

此乃六個實踐的意思。其中之一的修行便是忍辱。套句現代的話即是忍耐。忍耐是什麼呢？有名的高僧之回答是「不生氣、心要圓滑、氣要長、自己渺小、別人則大」。

而其中的「氣要長」指的是什麼呢？

我曾經向某人請教過。

當我問道：「到底何謂忍辱呢？」那人說：「你是在什麼顏色的燈號下過十字路口？」我回答：「當然是綠色了。」事實上有時候我也在黃燈亮起時通過。可是我回答：「綠色時通過。」那人卻說：「不可以！」「綠色燈誌時不能通過的話，難道是黃色嗎？」「很危險喲！」「那麼是紅色囉！」「那樣會被車撞死呀！」

「那麼，到底什麼顏色的燈誌閃的時候通過才好呢？」

「如果是綠色燈誌的話，你並不知道號誌什麼時候會變成綠色的吧！因此，當轉爲綠色時你就等候著。不久信號變成黃色。再來是紅色，然後又是下一個綠色。此時再開始過十字路口的話，絕無可能在你尚未通過時就改變的信號！」

的確如此，當時我頗爲吃驚，之後連試了好幾次，真是非常有趣。那些在綠色燈誌就要消失，而黃色燈誌即將亮起之際慌忙越過的人，看來簡直愚蠢。我呢，則是悠哉悠哉地，還是綠色、就要是黃色了、變紅色了、直到下一個綠色才通過，才知道真的可以很優閒地越過十字路口。

雖然我像是在大放厥詞，但並不是每一次都等到下一個綠色號誌才通過。雖然我有時也在綠色燈號一亮便越過馬路，但仍希望諸位能試一次看看。如果燈號是綠色的，等它變成黃、紅，到下一個綠色燈誌時才通過的話，的確可以閑適的心情渡過紅綠燈。

如果人們都能以這樣的心情過紅綠燈，則毫無疑問的，交通事故的發生率可以減少幾個百分比。也都能以相當優閒的心情通過十字路口。

我們的人生中的確有非常多非急不可的事。可是，只要能在那時稍做數秒鐘的忍耐，你會想到，在人生中可曾有過如此優閒的一段時間嗎？當然在開車的時候可千萬不能這麼做。

我曾經如此做而被申斥了一頓。啊！綠燈亮了，我把車子停了下來，結果後面的卡車司機叫：「怎麼回事！」我說：「綠燈了！」那人便大罵：「混帳！就是因爲綠燈才要通過啊！」

從此之後，只要是開車的時候，我也一定在綠燈亮時通過。如果是徒步，則在綠燈亮時我便停下來，等待下一個綠燈了才走過去。雖是非常通俗的例子，不也是在我們忙碌的人生中，一個理想的人類生活方式的目標之一嗎？

●正當的習慣，大都由自制和自我的訓練而養成。

23 抛開心病

醫學進步，現代人即使生了病，大部分只要看看醫生或以藥物治療便可痊癒。當然這其中，仍有如癌症的惡疾，是現代醫學尚束手無策的。但是不論如何，醫藥，亦即藉著醫生和藥物，大部分的疾病都能痊癒是一個事實。

但是也有一些病，單靠醫生和藥物是絕對無法治癒的，這又是另一個事實。當然，也有純粹地藉助醫生、藥物、手術便可治好的。例如，受傷等等，只要靠藥物便足夠了。但是，幾乎可以說是大部分的疾病，在治療的時候都關係到情緒上的問題。

證據之一便是，如果對接受其治療的醫生抱著一種「那個庸醫！他能瞭解我珍貴的身體嗎！」之態度，那麼一定治不好自己的病。總之，對求診的醫生仍是非絕對的信賴不可！而在取藥時，可能也會被藥劑師罵，但是如果對藥物缺乏一種信仰的話，也沒有道理會治癒。因爲藥雖是治病的東西，可是相反地也有某程度上的副作用。

純粹身體上的疾病幾乎沒有，而有關情緒方面的卻相當多。例如：一日生了大病，雖然口中唸的是消災，祈求無病無災，可是卻是拜託神佛無論如何得治好自己的病。

而在現實問題上，也有一些宗教告訴人們，只要是我教的信徒，即使生病了也一定會痊癒。事實上，的確有一些人生了病而加入信徒行列，拚命叩拜之後真的痊癒的。我不認爲這是迷信或是什麼的。

我只是認爲，與其說是宗教治好了他，毋寧說是因爲加入了宗教，有了信仰，便有了一種一定會治癒的信念，給予病人一種安心的感覺，因此而治好了許多連醫生和科學都不能證明其療效的疑難雜症。

從此點看來，對人類來說，治好其身體上的疾病雖也相當重要，可是更重要的，便是要去除心病，不是嗎？即使在肉體上沒有任何一處不妥當的地方，卻是爲了心病，人們便很遺憾地爲此而食慾不振，不管怎麼說，對身體都會帶來不良的影響。

我們常說的戀愛病，很可惜的是，這是連醫生、草藥都沒辦法治癒的疾病。而是很明顯的，只要一紙情書來到，或男朋友、女朋友來訪了，便可治癒的病。

像這類心理上的疾病，在現代這種高度成長的社會中，早就是一個非常嚴重的問題了。事實上在美國等社會上，現在最流行的醫生，令人遺憾的竟是精神科醫生。

因爲，不論物質文明如何高度發展，不管每個人在物質上多麼富裕，然而卻只有人類心理上的疾病仍舊沒能獲致幸福。這種心病的肇因者不是別人，而是自己。而只要是留心要去除心病，結果非但是去除了心理上的疾病，甚至連身體的疾病也去除了，不是嗎？

●通身愉快的感覺，表現於一處——笑。

24 不明白的人就入地獄

不知是何原因，竟有一種說法是，人死後會上天堂。可是老實說，人當中死後有資格上天堂的人少之又少。根據統計，台灣人，不是佛教徒至少也是信奉道教，基督教徒人數不多。

有些人只有在十二月的聖誕期間，才稍微做個基督徒。我對這些人常要罵他們是「一天的基督徒」。那樣子的人死後會被天堂接受才怪。

在聖經中的確有「敲敲看，就會開！」這樣的話。只要敲一敲，天國之門就會打開吧！但是門一開，「你是誰呀？」「台灣人嗎？」「你是基督教徒嗎？」「啊！只在十二月二十五日那天才是基督教徒吧！」「天國只允許終生爲基督奉獻的人進入，而不是你這種只當一天基督徒的人」，說著不就被趕了出來了嗎?!

說是這麼說，可是我還沒死，並不知道死後世界的情形。只是我想說的是，台灣並非是天堂和地獄，而是地獄和極樂。亦即相對於地獄的，非是極樂不可，而極樂和天國則有相當大的差異。

為何呢？在極樂與地獄的想法中，所謂的天堂不過是輪迴之世界中的一個。也就是說，即使是在天人的世界中，很可惜的是，雖生在天人的世界，有時也非再度下地獄不可，所以絕非理想的世界。

那麼，到底地獄是否為死後的世界？這裡有相當多的問題，為什麼？

正如「陽世的地獄」所說的一樣，我不認為所謂的地獄是指死後之世界的問題。在我們所居住的世界中，不也有地獄嗎？而且這個地獄是我們自己本身所造的地獄。

人類的確可以將我們所居住的世界，造成一個如陽世的極樂般的理想美麗世界，可是不要忘了，在同時也將這個世界破壞成陽世之地獄般的，也是我們人類。

在古今中外的各場戰爭中，在那些遭受戰火蹂躪之人們的眼中看來，這世界不正如一個地獄嗎？這麼一想的話，不論我們喜好與否，很遺憾的，使這世界變成地獄或極樂地的，不都是我們自己本身嗎？

曾有個小和尚這麼問一個有名的高僧——

「到底地獄極樂是什麼東西呢？真有這些存在嗎？」

這個時候，師父告訴他：「拿水桶提桶水來！」

什麼道理也不明白的小和尚就用水桶端了水來。

「瞧瞧那裡頭，說不定會有地獄極樂喲！」

滿心狐疑的小和尚向裡頭望了望。正想著什麼都沒有的時候，突然間老師父把小和尚的頭壓到水裡面。

痛苦不堪的小和尚拚命掙扎，就在快要休克時，老師父忽然放開手。在小和尚快樂地猛吸氣時，老師父說話了。

「你埋在水中的時候即是地獄，而現在這樣地大口吸氣便是極樂了。」

我覺得這是非常具象徵性的對話。在這世上製造出地獄和極樂的，仍是我們自己本身。既是這樣，我們每個人都有責任手牽著手，共同去締造一個讓人有極樂之感的世界，不是嗎？

● 世界上沒有比實際經驗更可貴的事情。

25 為了不要使今生成為下地獄的原因

除了基督教之外，歐美的宗教中也有所謂「地獄」的觀念。一般來說，指的都是死後要去的惡世界。當被問到，地獄究竟是什麼樣的世界時，一般人，在腦海中會浮現什麼情形呢？

當然，普通的想法都是血池針山的地獄，接受各種刑罪之痛苦世界吧！事實上，地獄也有各種不同的種類，較廣泛區分的話，則可分爲所謂八大熱地獄的炎熱地獄，以及所謂八大冷地獄的嚴寒地獄。

其中有關炎熱的地獄方面，大家一定都很清楚其名稱。如叫喚地獄、大叫喚地獄、焦熱地獄、大焦熱地獄、阿鼻地獄（無間地獄）等等，應該都曾在某個場合聽說過。

那麼，究竟是哪些人非進地獄不可呢？

根據自作自受的道理來說，應該是爲惡的人會下地獄，問題在於「爲惡」的內容。

在佛教中有所謂的五戒，是所有的佛教徒都要遵守的戒律。如果不遵守五戒的話，便會下地獄。

所謂五戒乃——不奪取生物之性命之不殺生戒、不奪取他人之物之不偷盜戒、不具有不正常的男女關係之不邪淫戒，不說謊話之不妄語戒，以及不喝酒精飲料之不飲酒戒等五戒。

所謂「說謊的話會下地獄遭閻羅王拔舌」，事實上便是前面所述的，犯了第四條的戒律所致。

順便說明一下，為什麼喝酒就必須下地獄的原因。並非表示喝酒本身是不好的行為，而是喝了酒後會麻痺人類的良心，因此，可能導致觸犯前面四戒的可能性，所以特別定下這麼一條戒律。

不管怎麼說，破壞了這五戒的行為都被認為是「為惡」的行為，因為它會給其它的生物或人類帶來不幸。

例如，人類為求生存，無論如何便非奪取其它生物的生命不可，這個理由雖也可以成立，但是站在被殺的一方之立場來看的話，再沒有比這更大的不幸了，所以為朝著儘量不殺生的方向努力，而定下了不殺生戒之戒律。

因此，若是活在世上的時候，切斷了他種生物的生命，在死後便會下地獄，自己便會遭受到彷彿變成他種生物一般的折磨與痛苦。

不論是從因果報應的理論來看，或是從站在萬物平等之立場的佛教教義來看，這都是必然的結論。但是，老實說，這也是爲了要依這種說法，使人類儘量不要做無謂的殺生所衍生的說辭。

總之，這世界上有太多的人雖幹盡壞事，可不見得受到充分的處罰，所以便非主張「無論如何！也會在死後的世界受審判」的說法不可。但是，至於是否真有地獄這個恐怖的世界呢？只要我們能夠瞭解到，在我們的一生當中，都要努力儘可能地不要給其他人或其它生物帶來痛苦，那麼這個地獄的觀念就決不可丟棄。

●人生的軌道是無法預測的，沒有人能事先寫好他的自傳。

26 將今日幹勁十足地過了便是「極樂」

正如「極樂鳥」這個字所象徵的意義一般，當我們聽到極樂二字時，大多數人的想像便是「許多美麗的鳥，爭奇鬥豔的百花，建築物全是金銀寶石所造」，對人類而言是個最理想的世界。

這個極樂地被稱爲是淨土或佛國土，在佛教經典中的確曾有如此美麗的描寫。而事實上，這乃是爲了喚起人們「好想在那樣的世界中生活」的願望而有的描寫，到底只是佛菩薩爲拯救眾生而採取的權宜手段。那是因爲，人類活在世界之所以不能消除慾望之火，不能達到徹悟的境地，全是因爲有太多慾望的對象，而在所謂淨土的世界中，像此類的慾望對象一個也不存在，所以誰可能朝向徹悟邁去。

亦即，如果這個世界是穢土的話，與之相對的，佛的國土便成淨土。而在淨土上，那些能取悅多煩惱人類之五官的美麗的花啦！美麗的鳥啦！七寶所建的建築物等，根本沒有存在的道理。

但是，如果將這種真實的淨土世界向人類描述的話，不論是誰都不會祈求往生極樂世界了，如果將它描寫成對人類而言的理想世界的話，那麼人們就會嚮往極樂世界了。

因此，如前文所提一般，即使這個極樂世界被人以爲是死後的世界，只要是能夠持有信仰，不也很好嗎？

對現代人來說，死後的世界究竟有何意義呢？事實上，拿其本人來說，並不具有什麼重大的意義吧！

而對那些失去親人的人們而言，與其認爲先自己赴冥土的至親，是到了一個地獄與餓鬼的痛苦世界中，毋寧相信其是往生至稱爲極樂地之美麗世界，是一個遠勝於前項說法的解救。

這麼一想，所謂極樂之死後世界的說法，也可說是來自於後代子孫，希望去世的祖先能在冥世幸福過日的願望而產生的吧！而在自己死後，也希望能往生同樣的世界裡，在美麗的運池中所開的同一朵蓮花中，於是有了「一蓮托生」的說法。然後，從相信在陽世有緣相聚的夥伴，也會在同一個世界中，某一天再會的信仰中，也產生了「俱會一處」的說法。

不論如何，人的一生不過短短數十年，再長也不過百年前後，然而死後的世界卻是永遠的，正因其是永遠的，所以，究竟這個永遠的世界是個什麼樣的所在，最是令人懸念吧！

雖然如此，但是重要的到底是這個短暫的一生，所以更要努力在一生之中，過著有意義的每一天吧！

●判斷一棵樹應從果實判斷，不應從葉子判斷。

27 任何事都得專心一致

在以前，父母常常對孩子說的一句話是：「好好唸、好好玩！」為什麼最近流行所謂的「一心二用」？愈來愈多的年輕朋友，喜歡一邊做著這個、一邊又從事那個。一邊看看電視、一邊吃飯；甚至眼裡看著漫畫，身邊塞著耳機……這麼一來，是什麼也完成不了的。

雖然聽來有些駭人，可是的確有人在早上上班前，帶著報紙上廁所的。我真想問那些人，難道他們每天都忙到非得一邊蹲馬桶一邊看報紙嗎？把報紙帶進廁所看，可能所讀的新聞只瞭解一半，也可能排洩物也只排出一半，一到公司，非得再上一次廁所不可吧！

不論做什麼事，都得專心致力於一件事上。這便是我在這裡想說的「好好玩、好好工作」。亦即，不論從事任何事，都必須把整副精神集中在同一件事情上。

現在，在台灣相當盛行，在歐美社會也很流行的所謂「禪」，乃是佛教的一個派流。聽起來禪或許很玄，其實簡單而言並沒有什麼，以一句話來解釋便是「精神統一」。

何謂精神統一呢？便是將心力集中在同一件事情。

只是對人類而言，將心志集中一處是件頗為困難的事，因此而有了「坐禪」這種形式。坐禪乃幫助精神集中之最理想的方法，自古便為人採用。

但是，在禪宗系統的寺院裡面，不光只是叫人坐禪而已。不管是多麼了不起的大人物，都要被迫掃廁所、煮飯，甚至到田地耕作種菜。不論正從事什麼工作，都必須把全副精神集中在上面，這便是禪的真精神。

當然，有個傳說，說是某個地方官曾經一次聆聽十個老百姓的各種訴苦，然後一個一個地給予最適合其個人情況的答案，如果叫我說說自己的意見，我要說那不過是個傳說罷了，不足採信。

人類仍是不可能同時從事兩件事。做任何事時，最要緊的難道不是把心力集中在同一件事上嗎？吃飯時就專心吃飯，唸書時就專心唸書。

而可惜的是，大部分的中國人下班之後，往往是一邊打著麻將，一邊想著公司裡的事。或是相反地，在公司一邊辦事時，一邊想著待會兒下班後要到哪兒喝一杯。

像這種情形，如何能正正經經的辦事？在工作的時候，還是得努力集中精神工作。若無法區分工作與遊戲，便不可能出人頭地。

「好好玩、好好唸！」——當然「好好玩」得擺在前面，不論怎麼強迫孩子「好好唸書！好好唸書！」光是逼他唸書，不見得他的書就唸得好。結果是一邊唸書，一邊聽收音機，一邊想著其它的事，而肚子餓了，便光想著要吃飯。

與其如此，倒不如一天只要他唸一小時，只要他能專心的話，一小時便夠。而在遊戲時，就讓他玩個痛快。只有在這麼想的時候，才能充分發揮每個人都有的優點。如果是一天二十四小時都想著公司的事，或一天二十四小時全想著家裡的事，終究不能成爲一個出色的社會人。

●天下無難事，惟「堅忍」為成功要訣。

28 生活在「五倫五常」中

現在，不論是以五常來說，還是以五倫來說，彼此有關係的人，已經不太多了。但是五倫五常的想法，在相當長的歷史中帶給人們很大的影響。

五倫的倫，指的便是人際關係。舉些例子來看，首先便是「君臣之義」，在君和臣之間是非存有忠義不可的。

其次便是長幼之序。我想大多數人的都聽過長幼有序，可是這裡指的不光是年齡問題，也有長輩與下輩之分。或者也有雙親與子女的意思吧！而凡是居下位都必須絕對服從。

最典型的情形便是戰爭中的軍隊，長幼有序在軍隊裡便形成了「對長官的命令非絕對服從不可」的惡形。

爲什麼？被稱爲下輩的人非得聽從上輩的話？原因在於，正因爲上輩平日無微不至的照顧下輩，所以一旦情況發生，下位者即使捨命也得聽從上位者的話。總而言之，亦即「施與受」的想法。

但是，平日並不如何照料在下位者，光因為我是上司、我是前輩，就非得在下位者服從自己不可，這種惡形惡勢，在現今的社會並非沒有。如果想要下位者聽從自己的話，其必要的先決條件便是，平日得充分地悉心照顧下位的人。

例如，像東方這般相當重視兄弟姊妹之排行順序者的情形，在歐美國家中可以說沒有。為什麼哥哥比弟弟神氣？為什麼弟弟就得服從哥哥呢？

在平常，討厭的事情自己來做，好吃的東西自己不吃而讓給弟弟吃，所以一旦要弟弟服從自己時，弟弟一定會照辦。可是，如果平日好吃的自己享受，麻煩事就推給弟弟，要想叫弟弟服從自己的話，可沒那麼簡單了。

同樣的道理也適用於上司和部下之間。亦即，如果麻煩都強迫在下位者去做，那麼，就算只要別人聽自己的話，誰又肯聽呢？不管你做得再糟，之後我都會再照顧一下，所以放手去做吧！如果是這樣的情形，那麼不管上位者的要求是什麼，下位者都願意服從吧！

如果長者能體諒幼者，幼者能服從長者的話，那麼，現在仍遵守長幼之序不也很好嗎？

29 「父子有親」——為了不失去做為人類的資格

做爲必須遵守的道德，以往的人自小便被諄諄訓誨要「忠君孝親」。忠君另當別論，而親子關係中的孝順，即使在今天仍是受強調的一種好倫理道德。

事實上，孝順的想法來自於儒教的思想。但是，不容遺忘的是，孝順的實踐並非來自雙親對子女的強制實行，如「養兒方知父母恩」一句俗諺所言，站在孩子們的立場來說，只有在成長之後，方能體會雙親的愛情與恩情，而孝順便是在此心情下如自然之感情般地將之懷抱於心中，然後再以具體的形式表現出來。

然而，做父母的卻往往未必能夠長壽到終於讓孩子瞭解到父母心的一天。所謂「樹欲靜而風不止，子欲養而親不待」，在想要孝順的時候，多半父母親中早有一人辭世而去了。

因此，等到「子欲養而親不待」時，就會想到，如果能早一點體會到父母親的恩惠，多少也能盡點孝心，而往往後悔不迭。

然而，儒教所闡述的親子關係乃五倫五常中的一環，正確來說是「父子有親」。而「親」包括了父親對子女與子女對父母的雙層含義。

亦即，父母必須做到父母所應爲之事，子女也要實踐子女所應做的事，所以所謂的「親」，並不單是孝順的單向行爲。

也就是說，父母對子女有生養、教育、使就職、使繼承財產的義務，當履行完這些義務之後，再來便是已長大成人的子女來照顧年邁的雙親，一直到他們去世爲止，給予充分的供養。

可是，在台灣曾幾何時父母親一方的義務被蔑視，而對於小孩子們卻從小便強制要他們「孝順」。

這麼一想，至少儒家思想所闡述的親子關係在今日仍然存在。

在感嘆「爲什麼我的子女變得這麼不孝順呢？」之前，如果能先反省自己，是否充分具備雙親的資格，這麼一來，對子女的想法便多少會改變一些吧！

誰都不是依自己的意志而被生下來，所以在孩童時期，「可不是我要求你們生下我的！」抱持著這種感情的並非沒有。而當子女漸漸成長的時候，爲了要讓子女們能夠心存感謝「我雖不曾要求你們生下我，但你們的確把我撫育成一個優秀的人」。

這時做父母的絕不能抱持一種驕傲心態，認爲「可是我生你、養你的哦！」「你想想你能有今天是託誰的福！」而是應該以一種「好不容易能夠生而爲自己的子女，雖然或許不能充分地培育他，至少我會試著努力」。之心情來撫育小孩。這麼一來，子女們一定會對父母親們行孝順之道的。

●看清了問題，便能分別是非。看透了問題，便能化除是非。

30 若能得一知交便是幸福人生

對現代的年輕一代而言，朋友即競爭對手，很難培養出友情。理由之一便來自升學考試這種激烈的升學競爭。

「昨日的敵人是今日的朋友」，即使到昨天以前都還是激烈競爭的對手，一旦進了大學或就業之後，此種競爭意識轉薄，很可能便重拾往日情誼。但是，再怎麼競爭激烈的社會，如果終其一生，均不能得遇堪稱爲親友的知交的話，是如何寂寞的人生啊！

但是，足夠稱之爲親友的條件究竟是什麼呢？

如果只是純粹的朋友，則自幼稚園開始的學校教育中，可以說是要多少有多少吧！即使踏進了社會，一起玩的朋友、一起喝酒的朋友、一起聊天的朋友等等，我們也可輕易地結交了許多。

這之中，能夠稱上是真正的朋友，如諺語「必要時的朋友才是真朋友」所示，在我們真正需要時，能夠與之商量的朋友究竟有沒有呢？

而成爲真正的朋友之條件中，最重要的應該是「無論如何絕不背叛對方」吧！甚者「即使被背叛了仍然值得信賴的朋友」。

我們可能常常聽別人們如此埋怨「自己把他當成是親人般的朋友，卻以這種方式背叛我，還談什麼親友，簡直連朋友也不是！」這便是依其利害關係而結交的友情，絕不可能自心中真正地相信、信任對方。

即使看來似乎被背叛了，就此便不能如以往般地信任對方，那麼，這也不能算是親人般的朋友了。

因此，儒家所闡述的五倫之一，在朋友關係中便是「朋友有信」。我們自儒家思想學到的便是，不論演變成何種狀態，最重要的，即是一如往常般的相信、信任對方。

人類是靠不住的生物，這的確是一個事實。一旦發生某種狀況，便犧牲自己的朋友以保全自己的情形並不在少數。而即使在這種被出賣的情形下，仍能不去埋怨、憎恨背叛自己的朋友，相反的卻回頭反省自己的不德的人，就是擁有能夠獲得真心朋友資格的人。

一旦開始懷疑，從此便再無止境了，而且只要有懷疑存在，那麼友情便要枯萎了。順便一提的是，人們常說男女之間沒有真正的友情，理由之一，一定是某一方總是意識到對方是異性的關係。

與以往不同的是，現在的學校教育大部分是男女同班，可是能夠產生如親人般之情誼的友誼關係的，幾乎全是同性之情，其原因仍是因爲在不知不覺間都會意識到對方是異性。

尤其是女性，很難培養出一生一世的友情，那是因爲一旦結婚之後便完全投入家庭，再無多餘的時間、精力去持續維繫友情吧！

在我們說長不長、說短不短的一生中，如果不能擁有一個可以稱爲真正朋友的朋友，而就此終其一生的話，對好不容易才生而爲人來到世上的我們來說，不是太寂寞、冷清了嗎？

我不能不祈求，希望能夠獲得一個可以信任、永遠值得相信的朋友，即使只有一個也好。

●興趣可以變換，朋友不可以更換。

31 生活在超人的智慧中

在結婚典禮等儀式中，常聽人交談的一句話便是「這真是不可思議的因緣啊！」關於因緣二字，很多人似乎是誤解相當深。

事實上，因緣這個辭所指的是因緣生起，世上所有的萬物萬象，完全是依據直接的原因和間接的原因（所謂被給的條件）而產生的，因緣便是這個含意。而我們自己本身能做到的事，就是所謂直接的原因。但是，世上所有的事物並不光依直接的原因而產生的。爲什麼呢？因爲人生的演進也取決於間接的各式各樣的條件。

一男一女結合而爲夫婦，這並非只依自己二人的意志可成之事，而是各種條件累積配合之下，這一對男女才結成夫婦的。

也許有人曾想過，爲了要產生人類，究竟曾有多少個祖先呢？不管是誰都必定各有一個父母親。但是，父母親每一人又都各有其父母親。這麼一來，包括祖父母共有四個人了。而這四人再往前推便是八人，再往前推便有十六人，照這麼計算下去，單單一個我在十代之前，便有二的十次方，也就是一千零二十四人的祖先了。如果再往前二十代、三十代推上去的話，二的二十次方超過百萬，而二的三十次方便超過十億了。

亦即，爲了要生下我一個人，在距今三十代前，因爲一代約爲三十年，則在大約九百年前便有一億個祖先了。

可惜的是，一般人家通常不曾留下家系圖之類的東西，所以我們便無從得知每一位祖先的姓名。可是至少我們知道，必須靠這麼多的祖先之曾經存在，才在今生產生了我這麼一個人。而這個我，現在又跟同樣擁有這麼多祖先的異性結婚，真的是不可思議的因緣。

但是，這個「不可思議」也常被深刻地誤解了。一般人常將不可思議的意思，看做是魔術師表演時所說的「啊呀！真是不可思議！」可是任何魔術都有答案。如果沒有可供解釋的答案而忽然間便從帽子裡飛出一隻白鴿來，那才叫做不可思議。如果本來就藏著一隻白鴿，然後玩弄手法、混淆視聽再將之變出，這可不是什麼不可思議！

相對的，單單爲要生下我一個人，就必須在世上擁有那麼多的祖先，這真是不可思議，而同時對方也是一個不可思議的存在。這二個不可思議的存在，如今結合而一成爲夫婦，而一旦成爲夫婦之後，從現在到將來，又會有幾千代子孫一直延續下去。

就此意義上來說，雖然我們覺得的確是我們自己的選擇，可是卻是因爲這不可思議的因緣選擇了對方，而且因爲這個抉擇，今後將會永遠地子子孫孫延續下去，關於這些責任，難道沒有必要加以考慮一下嗎？

有句話說「風一起桶鋪便得利」，這世上有很多原因並非人類的智慧可輕易預料的。而對於這些個不可知，我們便只能心存感謝領受，然後好好善自珍惜這段不可思議的因緣。

●人生就是真理，真理亦是人生。離開人談理，就成了「空」，離開理談人，就成了虛。

32 在最適當的時機才說謊

自西洋傳入的風俗之中，有一個就是四月一日愚人節，這一天即使撒再大的謊都無所謂，所以許多人在這一天便會想法子騙騙對方。

如果平常都不說謊，只在四月一日這天撒一次謊的話也無關緊要。可是如果是平常便經常撒謊的傢伙，到愚人節的時候，他也說：「啊！今天是愚人節，即使說謊也無所謂！」真是個要不得的誤解！

有句話說「說謊也是權宜之計」，「權宜之計」感覺上好像總用在不好的地方，事實上「權宜之計」有個意思是「為正當目的所採取的手段」。

例如，如果醫生告訴病人「你得了胃癌，只剩三個月好活了」，這麼一來，一百人之中便有一百人，即使是在醫學上來說仍有三個月的壽命，可是只活了二個月、一個禮拜就死了，甚至更早的二、三天就歸西了。

可是，如果相反的，醫生告訴病人是「不要擔心，你不過是輕微的胃潰瘍。」如此一來，原來只能活三個月的人，說不定便可活六個月，甚至可以延長到五年、十年。

爲了想辦法盡量延長對方的性命，諸如此類針對正當目的所說的謊話，便是權宜之計。

例如，叫小孩子「趕快去睡！趕快去睡！」「我可淸楚爲什麼你們要這麼說，等我們小孩子都睡了，爸爸媽媽就可以吃好東西了！」「別胡說！我們絕對不會吃東西！」可是等到孩子們都睡了，便又「啊！都睡了！現在我們來吃個哈蜜瓜什麼的！」

如果把這情形也稱作「說謊只是權宜之計」，就大錯特錯了。怎麼說這都只是爲自己的方便才說謊，絕非什麼「說謊也是權宜之計」。

當然，父母親又有另一種說詞了，「不對不對！事實上是如果半夜給小孩吃東西的話，肚子會難過，或者會尿床的關係，所以不讓他們吃的。」硬要這麼強詞奪理，姑且就算是「說謊也是權宜之計」的一種狀況吧！

例如，父母們要帶子女去看病時，往往是說「走吧走吧！很不舒服對不對？看了醫生就會退燒哦！打針一點都不痛的。就像是蚊子咬了一下那樣，不會痛的！」即使自己每次打針都痛得哇哇叫，照樣能面不改色地說成只是被蚊子叮了一下。

此時，也可以說是「說謊只爲權宜之計」。爲什麼呢？因爲是想要達到讓孩子退燒，或減輕其病痛之正當目的才說謊的關係。這時便可說是「說謊只爲權宜之計」。

可是要是我們每天在日常生活中任意撒謊，就絕對不可稱其爲「權宜之計」了。也就是說，所謂「權宜之計」事實上便是一種方法、手段罷了。

有時候是即使有正當目的，也絕不選擇說謊當權宜之計的，而如果我們能夠反省到底說謊真是爲對方著想呢？還是只是自己隨便採用的手段呢？那麼只要有正當目的，則說謊也是無可厚非的。

●至死不做一件虧心事，是精神上的真快樂。

33 衡量對方的能力和力量才施教

人類在養育、教育、能力等各方面都有所差異。人類平等這是毫無疑問的。可是自出生之後，由於環境、教育等各種條件的不同，再怎麼說人與人之間的能力還是有差。

而不得不注意到的是，對於這些不同能力的人，我們所採取的是多麼錯誤的教導方式。也就是說，即使面對一些能力不同的人時，我們都誤以爲如果我們教給他們相同的指示，每一個人都會一樣地了解，而且認爲這就是平等。

能力不同，教導方式也要改變，無論如何這都是相當必要的。例如，即使對十個部屬說同樣的話，雖然有些人能正確地照辦，可是總有另一些人做不到。像這種情形，與其說是做不到的人不好，不如說是教導的人沒有採取正確的教導方式。難道這不值得反省一下嗎？

事實上佛祖釋迦牟尼教導眾生正是採取所謂對症下藥的方式。這種方式現在仍被認爲是最佳方式而流傳下來。

對症下藥是一種什麼樣的方法呢？人類都有各式各樣的病症，要能找出是什麼病，然後再給予治其病的藥，這樣便能病癒。

如果弄錯了可就糟糕了。例如，如果拿瀉藥給拉肚子的人吃，只有更拉得厲害；反過來說，對那些苦於便秘的人再給予止瀉藥的話，便秘的情形就更嚴重了。

因此，是什麼病？治這種病得用什麼藥才有效等等，都必須徹底弄清楚才成。對醫生來說這就更重要了。發燒時到底是冷卻好呢？保溫好呢？如果弄錯了，就是不可原諒的誤診了。

同樣的道理也適於學校和企業團體之間。不論是企業團體或學校，不事先判斷正確對方的能力，便施以同樣的教導或說法時，要是以爲這樣能提升效果，那可就錯得離譜了。

由於每個人的環境不同、能力不同、年紀也有異，如何針對其情形採取最適合其人的教導，這便是居上位者的責任了。

有段很有名的故事是這麼說的。話說有個失去獨子的母親來到釋迦的居處求他「釋迦佛！我聽說你是一個偉大的人，能不能請你設法救救我孩子的命？」這時候，釋迦會怎麼說呢？

「好可憐！好吧！我答應救你孩子的性命！代價是你必須拿一些芥茉子來！」

「只要有芥茉子就成了嗎？」

「這便足夠了！」

在這母親喜出望外地向外走去時，釋迦又追加了一句：「可是如果是要救小孩子的性命，尋常的芥茉子是行不通的，必須從在此之前都沒有人去世的家庭中拿來才可以。」

聽到這番說的母親在腦海中想著「世上人這麼多，總會有哪一天從來不曾死過人的吧」，於是便出去村中一家一家地尋找著。

「給我一些芥茉子吧！我要救我孩子的命！」每個人聽了都很樂意地給她芥茉子。

可是只要一問「府上可曾有人去世嗎？」「啊！已經是五年前的事了！家裡祖父去世了！」「我家去年就有人去世！」「我家上個月才有人過世呢

！」不論到哪一家，都一定曾有人去世。

村子裡每戶人家都去過之後，母親才發現，無論如何，既已去世便不可能再復生。

這個故事不正是根據對方的情形而改變其教法的例子嗎？在教導、指示人的時候，我們是不是有必要先充分了解對方的能力與環境呢？

●不經過許多及重大的錯誤，沒有人能變得偉大及善良。

34 自作自受—包括身、口、心的行為

「自作自受」這句話常用在不好的事情上。那個人變成這步田地也是自作自受！不論怎麼說，事實上自作自受這句話，常指的是自己所做的事情之後果由自己承擔。因此，做好事就得好結果，做壞事便得自食惡果了。所謂善因善果、惡因惡果，指的便是自作自受。

可是如果你跟人說「那個人終於成為國大代表了。這也是自作自受」，這麼一來，可能惹人不高興了。如果覺得因這句話而生氣，是件奇怪之事的人，可能就是認為自作自受也可以解釋成「經過那樣的努力，而終於得到如今的好結果」的關係吧！

可惜的是，如果下場是好結果不說自作自受，只有在演變成不好的結果時，感到死心、斷念的時候，才使用自作自受這句話。

這世界毫無疑問是善因善果、惡因惡果的世界。這一說可能有人要抗議「少開玩笑了！我難道就做過什麼壞事非得落得這種下場嗎？反過來說那個

傢伙呢！什麼正經事也不見他做，卻這麼幸運！這又是什麼道理？那個偷走三仟萬元的強盜一直到現在不是都沒抓到嗎？那傢伙真是不勞而獲，平白賺了三仟萬元！」

果真如此嗎？事實上，自作自受這個字眼其實包含了身體的行為、口上的行為、心裡的行為三件事。

例如，雖說不曾付諸身體的行動，可是難道沒有在嘴上犯過罪嗎？難道不曾在口中喃喃祈求著某人最好死了嗎？不！不只希望他去死，甚至是「那傢伙，真想殺了他！」這種事情難道沒有嗎？

大致上來說，自己一生中可曾殺過多少個人？至少在心中我們會想著「那傢伙早點死了算了」，對於討厭的上司或不順眼的屬下我們也常在心中想著「那傢伙為什麼不在今日被車子壓死呢？」這麼一想，即使態度上沒什麼異樣，可是肚子裡卻計畫著各式各樣的壞念頭。這一來很可能就因此自作自受，亦即就會演變成自己本身將來的後果。

不僅如此，自作自受的因果關係可能遍及長遠可見的過去到現在，或現在到未來之間。例如，父母親拚命地在他們這一代積蓄了財產、開創了公司。當他把公司傳給兒子的時候，或許這個兒子真是什麼也沒做。正如古諺所云「父母種的因就由子女受其果」。這句話可不光只有惡意，雙親努力的結果傳給子女，而子女所做的事又傳給下代子孫，這是非常重要的。

若從此意義上來看，這世上真是惡因惡果、善因善果。有句話是「福從天降」，也有一首歌名「空等待」。等著等著兔子便跑來了，跌倒了。如果繼續等下去，兔子還會再來吧！

可是並沒有「福從天降」。還是得先種善因，即使不會馬上享受到善果，可是不一定非得在自己活著的時候，可能就在下代子女的身上便會結出善果。而反過來說，如果做了壞事，在子孫一代便要飽嚐惡果了。

當想到這裡的時候，我覺得這世上是真有自作自受的事了。

●要想將家庭建立得美好，必須先有愛家的思想。

35 人類因為害怕失去而恐懼

我常跟有錢人說：「您啊！請您在辭世時不要留任何東西給子女！」結果他們常會回答我「這到底是什麼意思？」

我便說：「如果留下堆財產的話，子女們失去了親人固然難過，可是一想到那麼多的財產便又高興起來，所以是一半悲傷一半高興。可是如果什麼也沒留下的話，親人死了會哀傷，沒留下一絲財產便更難過了，這麼一來，子女們不就會打從心裡哀慟您的過世了嗎？」

這麼一說大家都笑了。

這可是個事實。古人說「有錢能使鬼推磨」，有人存著這想法，認爲到了陰間仍通用陽世的錢，說那可是渡三途的過河費而把錢帶進棺材裡。大體來說，不論累積了多少財富，都絕不可能帶往陰間去。

亦即，要不我們就把屯積的財產花光再死，否則留給子孫也只是播下子孫們不睦之因罷了。

看看你的周遭吧！父母死後兄弟吵架的原因，不外乎就是金錢。如果什麼都沒有，也就沒有什麼好分的，當然便沒有吵架的理由。就是這個道理，我才奉勸諸位不要留下財產。

事實上，即使跟那些擁有財產的人說「不要留下來吧！」也是相當勉強的事。爲什麼呢？「如果我能預知自己會在何年何月何日死的話，倒有可能在這之前趕快把財產用光，問題是我根本不知道我會在哪一天死，哪裡有道理把它們都花光呢？」

但是，諸位如果獨自一人踽踽獨行於暗夜小路時，如果此時懷中揣著一大把鈔票，相信一定是步步驚心吧！會有那個惡人跟隨而來吧？會被強盜抓住吧？之所以會這麼想，完全是因爲帶著可能被取走的東西。

相反的，如果什麼也沒帶的話就很輕鬆了，可以一邊哼著歌，微醺般地漫步著。那是因爲什麼都沒有，也就沒什麼好怕的。

亦即，對我們來說，空無一物反而可以無所恐懼。火災之所以可怕，地震之所以可怕，強盜之所以可怕，難道不是因爲我們擁有可能被燒、被破壞、被取走之物嗎？

《般若心經》是國內諸多宗派所誦讀的經典，其中曾經記載著一段話「人類的恐懼只有在所有一切都不存在的狀態下，才能獲得真正的徹悟。」老實說，我們的恐懼，其實是害怕失去所擁有的東西。就此意義來看，最恐懼的是什麼呢？無非是怕丟了自己的性命。

難道不是嗎？

人們常說：「要我做什麼都可以，要我拿出什麼都可以，只要不傷害我的性命！」因爲，不論擁有多少的財產、屯積了多少錢財，如果命沒了，就什麼都派不上用場了。

一旦失去了性命，再怎麼做都拿不回金錢了。所以說，沒有任何事比死更可怕了。

再者，世界上什麼是最可愛的呢？許多人會說：「那個可愛，這個可愛！」「年輕小姐可愛！」「小孩可愛！」事實上最可愛的仍是自己。因爲自己存在，所以小孩、戀人都可愛。

君不見在剛去世那一刻，抱著屍體「爲什麼死的是你，爲什麼死的不是我！」滿口看似偉大的話，可是一過了四十九日或百日之後，便又張著大口哈哈笑著猛啃饅頭。

這麼一想，對我們而言最要緊的仍是我們自己的性命。其次才是金錢、財產、名譽。如果不在心中先弄清楚孰輕孰重，說不定就會把那些不值得的東西看得比生命還重了。

●有錢時，不要忘記無錢苦，可永保不窮。得意時，不要忘記失意苦，可永保快樂。

36 與其求「冥福」不如求「現福」

有句話說「父母愛自己子女的心多過子女孝順父母的心」。的確，父母們帶著強烈愛情之對子女們的關懷，遠勝過子女們對父母的關心。

有兩件事如果是它們隨時都存在，我們就容易忽略了，那就是父母和金錢。金錢的情形很容易瞭解。早上，我們換了一千元的零錢，到了傍晚便不知去向。「噫…那些錢到哪裡去了？」自己漫不經心的花用，結果不知不覺間就得擔心要花光了。

父母的情形雖與金錢不同，可是就我們認為父母們總是康康泰泰的，應該不會死去的時候，往往不知哪一天他們便突然去世了。

啊！以前我為什麼不多盡點孝心呢？至少我得辦個盛大的葬禮來補償一下，於是擺滿了許多的花圈，甚至叫來了一群和尚、尼姑，於是張羅了一番盛大的葬禮。

如果叫我說的話，我要說：「世界上可沒有人死了之後還可再回到人世間的」。即使宗教上的說法是，死後的世界有天國，有神仙之國，有極樂世界，有佛的世界，可是有誰去看過呢？雖然死後的世界有種種說法，可是事實如何？誰都不知道。

希望父母死後能得到幸福，便是所謂的祈求冥福，即冥土的幸福。

可是，與其在父母死後才巴望著能夠讓他們在死後的世界裡得到幸福，何不在他們還在世的時候，快樂地奉上一杯茶呢？

特別是父母們，正因爲覺得他們隨時都在，我們反而就忽略了他們。事後再多的反悔也沒有用。因此，希望諸位在父母親尙健在的時候，能夠每日善盡孝心，到了哪一天父母們有個萬一的時候，我們也能告訴自己，自己已經善盡了責任了。

事實上是，常常是失去了雙親後，才想到，如果再多盡些孝心就好了，而後悔不已。儘管如此，有些人卻以爲只要辦個隆盛的葬禮，多替他們求求冥福，自己便可心安理得了，那實在是天大的錯誤。到底仍是希望諸位在父母尙健在的時候，多爲他們做些事吧！

仔細想想，父母親們對子女幾乎可以說是不要求任何報酬的。而所謂的孝順，便是當自己的子女長大成人的時候，有一天，會忽然發現，自己如今這般關懷照顧自己的子女，當初父母們不也這樣對我嗎？只有到此時，才會開始真正想到孝順吧！

然而遺憾的是「子欲養而親不待」。身為父母的人不也是同樣的情形嗎？自己不久將會死去，到那個時候，即使子女有心要孝順，父母卻已不在人世了。

這樣的情形在歷史上重複上演著。我們既生而為人來到人世，總有比事後才叫來一群誦經團，辦個大葬禮更重要的事吧！

那便是，在父母健在時，讓他們都能真正的展露愉快、安心的面容。「當金錢和父母都存在，我們就容易忽略了」，這句話真是相當深具意義的內容。

● 天天要反省自己，今天做了什麼？以求心之所安。

37 利用機運和避開災難之智慧

在前面我們提到「當金錢和父母都存在，我們就容易忽略了」，這句話的下一句便是「在無運無災的日子裡，我們也不會去注意到運和災難」。「運」這個字眼通常包含了惡運和幸運二種含意，在這裡的運，我想應該是指幸運。

正如諺語所云「人們忘了天災時，災難就來了」，災難常是在不知不覺間忽然突生的不明事件，而這裡所談的災難，我想除了天災之外，還包含了人爲災難。

以往人們認爲此類災難之代表有「地震、雷、火災、父親」，現在父親給人的災難印象已變得薄弱，取而代之的卻是交通事故。

不管是那一種災難，我們都無法預知它將於何時降臨。今天一日平平安安，未必明天也能平安渡日，在這種警告的同時，相反地，使人懷抱希望的是，不論今天如何不幸如何倒楣，說不定明天幸運之神就向你飛舞而來。

所謂「前途莫測」，人生不可能持續著幸福，同時也不可能永遠不幸。

但是，如果從沒遭遇過災難，漸漸地便習以爲常，忘了現在這種狀態便是幸福，反而奢求更多更高的幸福而發牢騷等。

正如生病之後才知健康好，健康的時候，自己一點也不曾感受到健康是多麼幸福的一件事。同樣的道理，也適用於所有的幸運和不幸。

一有了什麼不好的事，便覺得從此不幸將跟隨在身旁，而沈入絕望的深淵，對人生感到死心；或者相反地，稍一接觸了幸福，便恍若置身天堂，錯以爲這種幸福的狀態將持續到永遠，這些不正都是我輩凡人的通病嗎？

而那些不願付出任何努力，卻一心巴望著幸福來臨的人，不正如等待著「福自天降」，不務農事，卻等著兔子跑來撞上樹椿而死，自己好順手取來之「守株待兔」的農夫嗎？說不定等到最後幸福之神都不曾眷顧，而對於災難，只要不疏於警戒，一旦發生任何變故，或許便不至於太過慌張了。

因此，對於人生，除了一邊品味著幸福之外，也要常懷著應付不測之災的心理準備。

人生有所謂的四苦八苦，然而在四苦八苦之中並非不可能找不到幸福，只要我們能不死心、不怨嘆地生活下去，不久在我們的面前便會閃爍著幸福之光。

再者，不論多麼悲傷或痛苦的事情突發在我們身上，只要我們心懷平常心的準備，即使不可能逃避得了災難本身，至少可以把被害程度減到最小限度，不是嗎？

●考慮過分困難就多，毅然實行必為開朗。

38 常保六根清淨

我們每個人都具備六種感覺器官。即是眼、耳、舌、鼻、皮膚、心。這六種感覺器官我們稱之爲六根。而因爲擁有這六種感覺器官，我們才能自由地過著日常的生活。

但是，儘管具備六種感覺器官，如果這六種感覺器官沒有對象的話，也不可能會發生作用。

也就是說，我們的六種感覺器官，每一種均各有其對象。眼睛所能看到的有形狀和顏色；鼻子可以聞到的是氣味；舌頭負責味覺；耳朵則是專司聲音；皮膚則有觸覺。

而問題所在是心的對象。我們擁有心，而心的對象乃無限大。例如，身在台灣卻可以想見美國；身在地球上卻能想像嫦娥的容貌。

這麼一想，心的對象便無止境地擴大了。當然，過去我們不曾經驗過的事，或是完全不曾出現在小說中的情節，無論如何我們也很難隨意揣測。而不管怎麼說，我們所擁有的六種感覺器官共有六種對象。

但是，並非有感覺器官、有對象就夠了。爲什麼呢？因爲除此之外，還必須我們接受並成爲自己的意識。具體而言，我們因爲具有耳朵，所以可以聽到聲音，可是如果我們沒有「自己聽到那聲音」之意識的話，便如同沒有任何聲音一樣。

各位有過這樣的經驗吧！某人叫了「某某先生」，的確是叫出聲音了，而且被叫的人也有耳朵，可是卻完全沒有聽到，爲什麼呢？那是因爲此人正想著其它的事情，亦即因爲沒有意識所以沒聽到。

對我們來說，擁有六種感覺器官，即使各有其對象，可惜的是，只要少了最後的意識，便不可能成爲自己的東西而接受。

就此意義而言，爲了要使這被稱爲六根的感覺器官能夠充分發揮作用，除了要有對象，還得要有接受這些對象的意識。其根本便是我們所擁有的六種感覺器官。

而使我們所具備的六項感覺器官保持清明，即所謂的六根清淨。例如，對古代的人而言，山是神聖的。現在仍有所謂的山神傳說，人們也常會懼怕山神。

把神聖的山神當作目標，在爬山的時候都要使自己的六項感覺器官保持清明，便謂之六根清淨。因此，現在有些人爬山時用的手杖上便會刻著「六根清淨」四字。

同樣的道理也適用在我們的日常生活上。怎麼回事呢？即是不管我們正從事著什麼事，都要使我們所具備的六種感覺器官保持清淨。這麼一來，不論對象如何，我們都能清楚地接收到。

亦即，用雙目視物時不能帶著有色的眼鏡。以耳傾聽時亦非如此不可。爲了使我們能清楚地接收到事物原來的真面目，首先便非得保持六項感覺器官的清明不可。也只有這樣，這世界上的萬物對我們而言才會是一種美。

●上天對人類是公平的，它補償人們的受苦；也會令人辛勞，因為最大的勞苦工作附有最大的報酬。

39 為發霉的常識去污

家裡若有人去世了，每過了七七四十九日或百日後，便會有周年忌等的供養儀式。或是每到清明節時就要去祭祖掃墓。但是，我們所謂的祭祖掃墓到底合不合理，諸位可曾想過。

一到寺廟去，便會看到許多人嘴裡喃喃唸著「無病消災、無病消災」，然後把香插到香爐上，漸漸地線香上的煙便飄往身上來。這時候我常說「老太太，你雖然唸著無病無災、拼命地燒香膜拜，可是如果線香的煙飄到您身上，我看非但不會無病無災，反而先氣喘個不停吧！」可是她卻答道「謝謝你，但是無病消災」，照樣做她的，一點也沒有改變。

活著的人被煙燻了知道要逃跑，可是墳墓中裝的是什麼呢？一堆枯骨、一堆鈣元素。我們那已變成鈣元素的祖先們可逃不了啊！

即使如此，還是一個勁兒的上香，甚至還供些根本沒吃過的生果蔬菜。之中如果有那位祖父是貪杯的，便帶去一大瓶酒，然後嘩啦嘩啦地倒在墳墓上，大概以爲這些東西也可以送到陰間去吧！

然後再來是什麼呢？頂好是送上一把花。但是花都是面向哪兒呢？所有的花全向著人類，可憐墳墓裡的祖先只能看到花後側的一堆髒兮兮的墓。

不，我可不是在說諷刺話。爲什麼要供花呢？花又爲什麼要向著我們自己呢？爲什麼食物都沒吃就供上去呢？爲什麼要插香呢？事實上，每一個都各有其意義。

但是，誰也沒有想想爲什麼要這麼做，只要是去祭拜祖先的墓，便覺得這樣做就滿足、足夠了。

死去的人，人們都認爲是神靈。亦即我們的祖先會變成了神靈守護著後代子孫。如果我們去祭墓，供上各種食物，便會時常守護著我們。因此，爲了表示對祖先的感謝之意，而有了祭墓的儀式。

既已去世便全過去了。因此，懷著感謝的心情去祭拜就可以，可是更重要的是，對那些尙在人世的人，我們究竟爲他們做了多少？亦即，爲了不使自己將來後悔，所以要積極地爲周遭的人們奉獻。這才是更爲重要的。

如果完全忘了這些，只是對著墓碑合十膜拜，對著墓碑供上各種東西，以為這樣便算盡了自己的義務，那可是大錯特錯了。

重要的不是對那些已成神靈的死者，而是現在仍生活在我們周遭的人們，我們更要以一種溫柔的心情去對待，這個意義不是更為重大嗎？這乃是我膽敢在這裡高聲主張的。

●珍視今日，它就是人生，最真實的人生。

40 「供花」的意義是為了活著的人們

我曾經提出一個問題，諸位可曾想過，爲什麼祭墓時所供上的花，其漂亮的一面向著我們，而髒髒的背面卻面對著墳墓呢？大部分的讀者所準備的答案應該不外乎：

「在裝飾上的意義來說，人們能看到的一側當然應該是美麗的那一側」。

「這是自古留下來的習慣，事到如今沒有必要去強求原因吧！」

的確，供花具有裝飾上的意義，可是如果到頭來仍只是爲了人類著想的話，根本沒有必要把花供奉在墳墓前。

當然，演講的時候，大體上都會在講桌上放個花瓶、在其中插上一大束鮮花，這種場合通常也是把漂亮的一面面對著觀眾，所以說這個時候的花只是襯托演講者的一個小道具，是爲聽眾而設的，這是毫無疑問的。

就此意義來看，供花是爲了襯托墳墓，這並非是不可能的，這麼一來，供花仍是爲了祭墓的生者而設，爲死者而設的意義就薄弱了吧！

事實上，在神靈或墳前所供的花，其原來的含意是，神靈或應該成爲神靈之死者，對活在世上的眾生或後代子孫，以一種大慈悲心保護著的一個象徵。

特別是在祭墓的時候，通常是表示：希望死去的祖父母和父母們能保佑自己的後代子孫幸福過日的意思。

同樣地，它也表示：如果諸位幸福的時候，自己的祖先也同感歡愉；相反地，如果遭遇不幸，祖先們也會保佑至少讓不幸減少一些，而與我們一同哭泣。

其次，供花尙另一個意義。

人生是無常的，凡是生物，必然在某個時候便非死不可，這是每個人都知道的事。但是，人的成長和老化的速度相當慢，很難注意到以上的事實，總以爲自己能永遠年輕、健康地渡過每一日。

但是，花在早上美麗地綻放著，可是一到傍晚就醜陋地枯萎了，淸楚地啓示了人世的無常。

而且，墓中所停放著的都是去世的家人或祖先的遺骨，在祭墓的時候，正是自覺這種無常道理的絕好時機，可是祭墓的後代子孫們，卻很難將這些事情當做自己的問題加以考慮。

昨天或前天美麗地盛開著的花，今天已全部醜陋地枯萎了，同樣地，即使今天我們所供上的是美麗的鮮花，不久的最近也將全部凋謝吧！

同樣的，甚至是自己，不久也將和去世的各位祖先們一樣去世，然後被收容在這墓地之中——供花的意義便是要我們能夠注意到這一件事實。

●凡事須小心，仔細體察，思量到人所思量不到處，防備到人防備不到處。

41 自燒香的意義中學習

參加葬禮或做法事時，最感到困擾的是，因爲不明白燒香的方法，爲了模倣前面的人的做法，非得在後面窺望不可。

最近有許多有關「冠婚葬祭」的書出版，亦即教人們「如何做」的書，在什麼場合，該怎麼做才正確等等。可是爲什麼要這麼做，又爲什麼依各宗派的不同，燒香的方法也不同呢？這些在書中卻甚少提及。

燒香的習慣自古印度以來便存在，其理由約可區分爲二種。其一是，爲了濯淨燒香者自身的身心；其二是，對信仰的對象或死者之供養的意義。

因爲燒香的做法變得雜亂，有的人認爲非燒三次不成禮，有的說要抓住香的上方，亦即拈香之後再行點火，也有的認爲不必拈香，各種議論都有。

整理一下來看，認爲必須燒三次的宗教，乃主張燒香三次是對佛教中歸依之對象——三寶，也就是佛、法、僧等一個一個地供養。而主張燒二次的則認爲其乃爲分別濯淨身和心二方面而言。至於主張一次便夠的，則以爲只要專心一致，便可達到洗淨身心的效果，所以燒香一次便可。

再者，把香抓住後高舉在頭頂上的燒香法，其含義乃在於對歸依對象的供養。而認爲沒有必要拈香的，則是以爲污濁的凡人沒有資格供養神靈或死者。

把這些想法加以組合，實際上，雖有各式各樣不同形式的燒香法留傳下來，可是對一般的參拜者來說，因爲看起來既恭敬又虔誠，所以雖不知其含意，仍然花時間抓了三次香，而且一支一支地拈香之後再行燒香。

要用什麼方法，只要參拜者本身認爲好便可以了，可是當參拜者衆多的時候，也要考慮到不要帶麻煩給排在後頭的人們，而且完全不明白其意義，只認爲燒香次數愈多愈好，不是反而變得無意義了嗎？

在印度，他們是希望能藉著線香的煙，把供養物送到天上的世界去而燒香的。但是，仔細想想，死後的世界就物理學上來說，應該不僅限於上方，所以我們只要認爲燒香不過是此種願望的具體表現即可，不是嗎？

不論如何，不要太在意燒香的方法，只要對將去參拜之信仰的對象或死者心存尊敬便可以吧！

順便一提的是，神道中以鹽來洗淨心身，而這種形式不知在什麼時候也成了佛式葬儀的儀式之一，在回宅的時候將鹽巴撒在身上便成了一種習慣而留傳到現在。

心或身體的污穢是否真能藉香或鹽巴去除掉？終究不清楚，但是如果在這之中，人人都能抱著一種反省的態度，想到人類原本就是污穢的存在，那麼這些習慣就不是完全無用了。

但是，更重要的是，要如何才能真正去除掉心或身體的污穢呢？這是最值得思考的。

●大丈夫心事當如青天白日，使人人得而見之。

42 在日常生活中實踐釋迦的真意

在舉行葬禮或法事之際，常會有僧侶們誦讀經典，而熱心的佛教徒，即使在現在也是朝夕面對著佛壇誦讀經典，可是到底誦經的意義在哪裡呢？

很可惜的是，我想大部分的僧侶或佛教信徒們，根本不曾充分理解過佛教經典的內容。

甚至，即使是佛教專門家的僧侶們，也並非思量過其意義而誦經的。當然，在成爲僧侶的修行期間，對自己所屬宗派的聖典，照理都至少得充分研習其內容之後才成，事實上，在佛前或菩薩前誦讀的時候，往往只是習慣地以一種獨特的調子在誦讀，而不曾玩味過其內容的。

那麼，在經典之中究竟寫些什麼呢？而誦經一事在宗教上的意義又是什麼呢？

一般中國人所說的「經」，正確來說應該是「佛教經典」之總稱，其中當然有真正不折不扣的經典，而大部分均爲後代所著。

「經」乃佛祖釋迦牟尼佛直接闡述其教義，在釋迦死後由弟子們書寫傳下的。

亦即，「誦經」的行爲，是爲了藉著反覆在口中誦讀著釋迦的教義而將內容記憶下來，然後在日常生活中加以實踐，而不是爲了供養信仰的對象或死者。

但是，現在的情況是，根本不了解其內容的意義，而當做一種儀式般地行使著，倒變成了只是在強調供養的意義，漸漸地，便演變成藉著祈冥福舉行法會行「誦讀的功德」，以「讓死者成佛」這種根深蒂固的想法。

也許在古代，大部分的中國人，即使是對於儀式上用的經典，總會有某程度的了解其內容之後，再一邊聽或一邊誦讀，可是以後就漸漸地不明白其含義，而單單是習慣性的誦讀了。

爲了表示對死者的供養，請一些專門的僧侶們來誦經已成爲必要的儀式，這種觀念在社會上普遍地流行著。

即使是那些在生對佛教全然不關心的人的葬禮或法事，人們也相信，唯有請僧侶來誦經是絕對不可或缺的一件事。

事實上，如前所述，經典的內容正是佛教的教義，所以非聽不可的應該是尙在人世的眾人吧！

因此，在南方佛教國裡，僧侶誦經的時候，不是面向著死者，而是面向著參拜的人們，這正顯示了原本的說法。

當然，爲了使信徒們容易明白經典的意義，有所謂的「說教」，在中國，說教的時候乃是面對著聽眾，這也表示出經典原是爲生者而存在的。

問題所在是，經典有各式各樣的種類，宗派不同其所用的經典也不一樣。那是因爲，釋迦佛是視其說教對象的理解程度和能力而說教，而並非許多的教義。

因此，最重要的是能遇上一本最適合自己之說教的經典。

● 每個聖人都有過去，每個罪人都有未來。

43 因為有分離所以更要珍惜一期一會

有句話說「聚會是離別的開始」。的確，在我們的人生當中，常會有許多意想不到的邂逅。自己根本完全不曾料想過，卻在某個地方遇見了某個熟人，然後說聲：「啊！真是巧合！竟會在這裡遇到你！」

但是，我卻要說這世界沒有所謂的偶然。

之所以會到達那個地方，完全是自己的雙足交互運動才走過去的，對你自己來說，全然是必然的事。而相對的，對方也來到同樣的場合，那對他來說，同樣是必然的。

只是大家都不知道自己和對方剛好在同一個時間來到同一個地方罷了。就此意義上來看，這乃是必然和必然的遇合，而對人們來說，看起來卻像一個巧合。而不管是如何看似偶然的一場邂逅，既是相遇了便必然會有別離。這便是在佛教中經常提到的因果報應，也就是因果的法則，原因與結果之間的關係是相當明顯的。

仔細地深入思考一下，便會發現人生必定是先有原因才有結果。如果沒有原因，不可能會突然地出現某個結果。就此意義來說，分離是因爲有了相遇才成立的。死也是因爲有了生才發生的。

以前，曾經聽過一個印象非常深刻的故事。有個人失去了自己的子女而異常地悲痛。這時有個來慰問的人對她說：「你雖因失去了子女而傷心，可是你至少仍留有他活著時的記憶不是嗎？雖然只有這些也是幸福的。像我，連一個子女也沒有，甚至連回憶都不可能。」

從側面聽來這個故事，深表同意。

之所以非與這個子女分離不可的原因，是因爲你與他相遇了，也就是因爲你生下了他。相反地，如果子女沒有生下來，便不會有所謂的死。

我們自生下來到死爲止，我們每天每天都會碰到一些人，然後再離別，而每一個爲了與我們相遇、分離，在我們之間需要有多深的因緣啊！這麼一想，便能體會到「一期一會」這句話的重要性了。

亦即，儘管說聚會是離別的開始，可是既知有離別，那就非更珍惜彼此的相遇不可了。

人類並不能正確地預知將來會發生的事，所以常會有偶然的感覺。可是仔細一想，就會發現，事實上產生這些偶然的原因，每一個都是我們自己本身製造出來的。

對於在這世上，我們每一天所遇見的人，或碰到的事，絕不能因爲今日就會分離而忽視了它們，相反地，應該要以一種珍惜的心情來渡過我們的一生。

●緊緊抓住你的夢，在內心深處留下一個地方；安靜、秘密。讓你的夢可以來去自如；成長、茁壯。

44 因為想著「尚有明日」今日便不得完全燃燒

俗諺：「花無百日紅，人無千日好。」

我們看到花朵盛開的時候，常會想著「啊！好美啊！真希望花瓣不要一片一片地凋落下來！」事實上，現在已凋零的花與尚留在枝頭的花，它們之間的不同只是早晚的差異，遲早會如俗諺的「花無百日紅」一般地凋謝下來。

對人類來說，每個人一定都曾送走過許多以死的現象來離開我們的人。或者是，雖不曾碰過別的死亡，可是自己倒非先死不可了。

親鸞聖人決心當和尚那年，據說年方九歲。當親鸞聖人來到其師父慈鎮和尚的地方，再三懇求讓他成爲和尚時，師父問他：「年紀小小的，爲什麼要做和尚呢？」

此時，親鸞聖人回答道：「事實上在我九歲時就已失去了雙親。爲什麼人類總是非死不可呢？爲什麼只有我非離開我的雙親不可呢？無論如何我都不明白。所以我一定要成為和尚，自己來探索這個原因。」

「我明白了。那麼就讓你當個和尚吧！但是今天已經太晚了，明天一早我再幫你剃度，今天你早一點睡吧！」當時親鸞聖人便吟了一首詩——

薔薇心存明日香　豈料今夜山風強

亦即：「師父，您雖說明日一早幫我剃度讓我成為和尚，可是我可不敢保證我想要成為和尚的決心能持續到明天啊！而且，師父您如何敢確定，您自己的性命能持續到天明之後呢？」

慈鎮和尚聽了認為是非常嚴正的一席話，不由得擊了一下掌說：「的確的確！你說的相當正確。正是『智者有時也會叫愚者指點迷津』，真是對不起！」然後便立刻為親鸞法師剃了度。

事實上，我們的人生也是同樣的情形，送走許多人的人，相反地，和被許多人送走不得不死的人，這二種人之間或許有所差別，可是到頭來仍是「花無百日好」，終非凋落不可。

現在開始到百年之後，現在正看著這本書的人之中，應該不可能還會有人生存在世。當然，人類是相當任性的動物，有些人或許會覺得「說不定，只有我一個人能夠活到一百二十歲呢?!」而每天安逸地渡日吧！

這麼一想，到底「花無百日紅」仍是一個不變的事實。

現在科學是愈來愈進步了，文明也更發達了。不論如何，對我們人類而言，命這個東西，永遠無法保證今天存在之後，明天仍會繼續。而「朝爲紅顏，夕爲白骨」這句話不也仍同樣地適用於現代嗎？

我們不應只每天每天地想著明日。我相信最重要的是珍惜今日。

●切勿坐耗時光，須知每時每刻都有無窮的利息；日計不足，歲計有餘。

45 「讓別人砍我的皮，我砍別人的肉」之極意

據說日本的宮本武藏一生從未輸過。而事實上他卻有一個一次也贏不了的對手。這個故事是否屬實不得而知，只是做爲一個傳說而留傳下來。而那個宮本武藏贏不了的對手是誰呢？只不過是一個沒有名字的黃口小子。

爲什麼武藏沒辦法取得勝利呢？

當對手面向著武藏高高地舉起大刀時，忽然間在中途把眼睛閉了起來。這不管從哪一方面看來都絕對是個可乘之機，只要武藏願意，他可以輕易地殺了他。可是相反地，如果武藏真殺了他，對手知道自己將被殺，便會沈默地把刀揮下。這時，即使不能打敗武藏，至少會叫他受傷。這就是爲什麼武藏勝不了的原因吧！

也就是說，在被砍殺的瞬間，對手必定是靠近自己的身旁，如果在被砍殺的途中，沈默地將高高舉起的大刀忽地砍下時，至少可以使對方受傷。即

使武藏能夠殺了對方，自己必然也會受傷，所以他仍是把刀收回了。

這傳說是否屬實並不知道。可是這世界上常有所謂的「以蝦釣鯛」，亦一本萬利的事。以適當的事物換取更好的事物，或者是說是「施與受」，而專做一些認為只要做了這件，必定會得到更好的別件事物之事。

在我們的社會中，「施與受」的道理真可謂是實行得相當徹底，例如：在中秋或歲末時，沒有人不是藉著送人某樣禮物而期待著更好的禮物的。雖然不曾在嘴巴上明說，可是心中卻的確想著「施與受」的事。

但是，大體上來說，我們人類所做的，通常是出之於己者少，而望得之於人者多。因此，如果拿出五千元，往往會在心中想著，應該會得到一萬元吧！

事實上「讓人割自己的皮，自己砍別人的肉」，並非意味著拿出五千元便想得回一萬元。而其真意在於相互之間都付出某程度的犧牲而相互取得交際，因此，也有真正勝負的意義。

日本的武士是兩手持刀。所以「我的皮可以讓你砍無所謂，可是代價是我要你的肉。如果對方砍了自己的肉，我就要砍到對方的骨為止了。」擁有這種覺悟，便是所謂的武士道的感覺。

亦即，諺語所云「唯有捨身才有機會」，必得捨棄得了自己的性命，才能夠完成某件事，而武士道之大死爲要的精神，便是面對著大義，而可以捨棄自己的性命吧！

可是如今的現代人，非但不會讓人砍到自己的皮，甚至完全不讓自己受到傷害，連美味的湯汁都想要得到。那簡直是大錯特錯了，到底，讓別人砍自己的皮，自己砍他人的肉之覺悟仍是必要的。不是說「不入虎穴，焉得虎子」嗎？

●沒有幸運這回事，它只不過是永遠忠於職守，準備好日子來臨的代名詞。

46 無慾反而是大慾

有句話說：「雖有治病之神，但從病未能治癒中也可找出幸福之路。」這是非常好的一句話。正如我們到廟裡抽籤，常會因爲「啊！大吉！」「小吉嗎？」「啊！凶！」等而一喜一憂，依我來看，如果抽到凶就要慶祝呢！爲什麼呢？

有哪一座寺廟在籤桶裡只放凶籤的？幾乎全部是吉籤。只是大吉、中吉、小吉的分別罷了，至於凶籤可以說幾乎沒有。大概一百支中只有一支是凶籤吧！甚至可以反過來說，抽到凶籤的才是好運兆呢？

事實上，我們到寺廟裡參拜的時候，所求的毫無疑問是現世的利益。無非是生意興隆啦！交通安全啦！考試錄取啦！求職順利啦等等，懷著這些目的才去參神拜佛的。可是，希望諸位仔細想想！

有許多的宗教向我傳教，希望我成爲其宗教的信徒。

「一定請你要入我們的教，這一來，你一定可以獲得幸福。」

「啊！真的嗎？有哪些好事呢？」

「如果你入了我們的教，你的病就會痊癒，你的事業會很順利，而你的家庭也一定會很幸福。」等等，講的全是好事。

而我也必定會提出條件：「真的嗎？如果是這麼靈的宗教，我今天就要入教！但是我有一個條件。」

這麼一說，對方相當的高興，便說：「怎樣的條件？不論是什麼條件我想一定能如你所願。」

那麼，我就說了：「我想問一下，如果進了貴教，我便可以不死嗎？」

這麼一來，「不！只有死不行！」誰都不能向你保證。也就是說，即使在一時之間我們的病痊癒了，即使一時之間我們的生意興隆，可是到頭來仍是非死不可。

也許這聽來有些諷刺，可是如果爲了使生意興隆便買入金錢蟾蜍，那麼因爲買入金錢蟾蜍而生意興隆的，只有賣金錢蟾蜍的商店罷了。就此意義來看，這種想法並非不成立。但是，這種求現世利益的短暫慾望，就其本身而言不是太小了嗎？

我倒認爲，雖有治病之神，可是病未能痊癒。自也有幸福之道可尋。亦即，儘管病痛未能痊癒，儘管生意不興隆，可是自其中不也可以找出歡喜嗎？

生病便接受生病的事實，生意不振便接受生意不振的事實，然後更要能從這之中發現喜悅，這種生存方式對人類來說，才是真正的幸福，而且，只有這個，才是最大的慾望。

總而言之，在臨死的瞬間回顧此生，到底是否幸福時，只要能夠認爲「啊！我過了多麼美好的一段人生！」那麼，便可以說這就是最理想的人生了！

●這世界上個人總有容身之處，且不論其選擇為何，個人會在某方面舉足輕重。

47 把「自己的生存方式」當作遺產留下

一個人終其一生所能積蓄的東西如財產等，其數量有限，可是我們仍然為了年老之後，或為後代子孫著想而一個勁兒地積存。的確，如果不乘著能積蓄的時候多存一些的話，將來必然會發生困難，這是一個事實。可是正如諺語所云「不替子孫買美田」，死後如果留下太多財產的話，說不定子孫們反而成為無所事事的懶惰蟲了。

有些人不以為然，認為只要還留在世上，即使等到後來什麼收入都沒有的時候，仍是非想辦法不可，一念及此，便認為一些的存款和一棟房子至少是必要的。可惜的是，自己將於何年何日死完全不能預知，所以，即使你能算出貯金的總額，以平均壽命減去現在的年齡，而算出每一年可以使用的金額，這又有何意義呢？

再者，如果考慮到將來的通貨膨脹問題，誰能保證現在能夠賴以維生的金額、在未來照樣能行得通嗎？

明白此事實之後，即使人們拚命努力，不肯充分地享受美食、壓抑休閒娛樂，即使一點點也要積存起來，可是究竟到何程度才算足夠呢？卻沒有一個界限。

關於此點，古人有首詩可引以為戒。

還需留下什麼遺產　春有百花　夏有杜鵑　秋有楓葉

它指的不光是遺產問題，在我們的日常生活之中，如果都能存著「明天不一定也能有這些吃的食物」之心情，那麼，我們的日子在心存感謝中會是多麼的豐富啊！

聖經上說：「人不光是為麵包而活。」

的確，人為了生存就得吃東西，而為了要吃東西便非得工作不可！可是，如果人類只是為了要吃東西才工作的話，那麼，生而為人的意義不就蕩然無存了嗎？

不論是留下幾億、幾十億的財產，或是多大的公司或大樓，都不能保證自己的子孫能因此而幸福。相反地，在自己死後，為了分財產，在子孫甚至親戚之間常常引起很大的爭執，這一類的例子，我們都可以在許多擁有大財產的家族上發現。

與其留下這些只有實體的財產，不如如前首詩所云，像春夏秋冬所取悅人類的一樣，只留下自然給後代子孫才是最重要的。

看看我們的社會，爲追求物質利益，破壞自然、製造公害，甚至可能爲國家慾望的擴大而引發戰爭。

讓我們生在現代的人們，再一次品味一下前面那首詩的真意，過完無悔的人生。

●自然界，春是一年的新生季節，人生的重生季節，就是這一生只有一度的「青春」。

48 莫陷死者於「不孝」之地

有一外國的詩是這麼寫著——

在那遙遠的山外天邊

人們傳說著香格里拉

我卻相信，即使跑到山的那一邊去。一定也找不到幸福。爲什麼呢？因爲今天一天都不能快樂渡日的人，憑什麼明天就可以得到快樂呢？

一位友人的女兒，在尙未滿四歲的時候便得急病而去世。這之前的幸福人生頓時沈入黑暗深淵中，雖身爲一個男子漢，卻整整哭了二十四小時，直到天明。在哭了一整夜之後，大女兒跑來問他：

「爸爸！妹妹到哪裡去了？」

對死後的世界一無所知，因此，友人根本答不出來究竟是到哪裡去了。可是，想不回答又不行，所以便說「到極樂世界去了，是佛陀的世界哦！」

可是大女兒又問：「佛陀的世界又是什麼世界呢？」

「佛陀的世界是個很好的世界，開滿了漂亮的蓮花，鳥兒鳴叫，雖沒有金銀珊瑚綾錦，卻有很美的宮殿哦！」

友人幾乎連自己都不相信，但卻喃喃地說著。

這麼一說，大女兒又問：「好棒啊！這麼好的世界！那麼，在這麼美麗的世界裡有幼稚園嗎？」

爲什麼姊姊會這麼問呢？理由相當明顯，因爲已去世的妹妹明年便可以和姊姊一道上幼稚園了，她因而快樂地生活著。因此，在妹妹所去的世界中到底有沒有幼稚園，也許這對姊姊來說是最值得關心的事吧！

雖然不知道，可是友人也絕不能使姊姊傷心。而且所謂「極樂」即是「極端地快樂」，應該沒有什麼東西是不存在的，所以雖然自己不相信，仍是以一種虛空而徒勞的心情這麼回答著：「有啊！有啊！不但有，而且比你現在上的幼稚園還要好哦！老師很親切，而且什麼積木啊！兒童遊樂設備很多哦！」

這麼一說，大女兒便又問道：「真的，有幼稚園啊？那麼好的幼稚園！那我也去吧！」友人頓時啞口無言。

所有的宗教都把死後的世界描繪成一個理想的世界，如果那是真的，爲什麼人死的時候我們要那般悲傷地哭泣呢？如果我們高興地跟人說：「好棒啊！你的父親終於到天國去了！」「到了極樂世界喲！到了佛陀住的世界去了哦！恭禧。」這麼一說一定要惹來一頓毒打。

正在這麼想的時候，忽然友人的耳中傳入一句話，「爸爸！我不去了！」友人吃了一驚。

「爲什麼呢？」

女兒回答「雖然我不知道那是多麼美麗的世界，可是如果父母都會哭得如此傷心的話，我不去也沒關係！」

直到友人的述說，我才第一次發現到，宗教，現實中的宗教，所闡示的是一種多麼敷衍的教義。

亦即，不論死後的世界多麼富麗堂皇，對我們人類而言，最要緊的仍是如今我們所生存的這個世界。反過來說，如果說死去的女兒讓父母這般爲她傷心是一種不孝的話，那麼，要怎麼做才能不使這個孩子陷於對父母不孝之地呢？我努力思考的結果，得到一個結論。

那就是自己絕對不哭。非但不哭，我還要更精神十足地去充分發揮被給予的這個生命。除此之外，別無他法可以讓孩子們成爲孝順的子女。

「後悔不及」，正如這句話所示，在我們在世的時候，就要努力地過好人生，千萬不要陷已死去遠離我們的親人於不孝之地。我想說的除此之外別無其它。

● 生與死是註定的，唯有享受其間每一段時光，讓死亡的黑暗背景襯托出生命的光彩。

49 成為社會的「廁所」

某公立高中的畢業典禮上，來賓對畢業生們做紀念的演講。

「各位之中也有許多人將來準備進大學吧！當然也有許多人決定就業。或許也有人會結婚、生子成立家庭。但是不論諸位將來到了何處，成爲什麼樣的人，有一件事我希望諸位不要忘記。

那就是，不管你們到了什麼地方，請你們成爲當地的廁所！」

一開始大家嘩堂大笑，好像不知道我講的究竟是什麼意思。於是來賓接著說了下去。

「一個屋子裡有許多的房間。有書房，也有餐廳。有廚房、客廳、寢室，也有遊樂的房間，各種各樣的房間都有，而一旦發生情況的時候，每一個房間都可以做爲其它的房間使用。例如在餐廳可以看書，在廚房睡覺也決非不可能。然而，在一間屋子裡絕對不可以做爲其他房間使用的便是廁所。不能因爲有點想試試看，便在寢室或廚房中小便。

所謂的成爲廁所，其意義乃在於——不論是在家庭中，在公司裡，或是在其它任何的場合，都要成爲這社會中絕對必要的一份子。

亦即，在我們的世界中，名譽或地位高的人也有，低的人也有。因各自的能力不同而有各種不同身份地位的人，可是絕對不能成爲讓人覺得存不存在都無所謂的人。

在一個公司中，經理一個就夠了。即使每個人都是經理也沒有什麼用處。反過來說，如果每個人都成爲經理，那這個公司就要四分五裂了。但是，不論是職員也好、組長、課長、襄理都沒關係，只有當你成爲每個人都希望你存在的人時，在家庭中，在公司裡，或不管在哪種社會中，都能夠生氣勃勃地生活。單只是地位、名譽、財產的堆積，並不能成爲人類的生存價值，或是據此而獲得幸福，只有當每人在各自的場合裡成爲絕對必要的人時，其人才會充滿光輝。」

雖然是很奇怪的比喻，可是所謂成爲社會的廁所，便是在家庭內成爲必要的一份子，在公司也無論如何要做個必要的人類。也只有在這個時候，才有所謂真正的社會共同體。

50 不要輕易「往生」

現代有許多的宗教用語常遭誤解。其中之一便是往生，正如其字面上所顯示的一般，「往生」原來的意思是生於極樂淨土，也就是死的意思。

同樣被誤解的還有「成佛」一詞。從字面上來看，「成佛」即是「成爲佛陀」的意思，而事實上「成佛」指的是生往死後的世界。的確，成佛的意思也使用在往生死後的世界之意義上，而原來的意思則是成爲佛陀，也就是象徵著如釋迦牟尼佛那樣悟道的事情。

在中國，由於淨土教的影響，死後便會在極樂世界成佛的觀念一直根深蒂固著，所以漸漸地「成佛」和「死」就成爲同義語一般地使用。但是，希望諸位都得記住其原意乃是佛，亦即悟道的意思。

且說，當被問道：「人性本善還是本惡？」的時候，你會如何回答呢？有個非常有趣的統計。

在全世界的青年人中回答「人性本惡」的青年，比回答「人性本善」多。他們的回答常是：「人類這類動物的本性本來就是惡的，是本性惡。」可是真是如此嗎？

我卻覺得人性本善。也就是說，剛初生的時候其本性是善良的，可是漸漸地成長之後，受到周圍各種不良的影響，逐漸染上了惡的氣習了。

孟子認爲：「人性本善。爲什麼呢？不論多壞的惡人，在他經過井邊的時候，當他看到有個小孩跌跌撞撞地倒向井邊時，一定會伸手救他。因此人性是本善的。」

當然反觀現代的社會，多的是只要自己幸福就好，全然不管他人死活的例子。更嚴重的是，輕易地把自己所生的小孩丟棄在別人家門口、垃圾車旁，甚至面不改色地將自己與丈夫所孕育的小孩，不費力氣地前往醫院墮胎。無論如何都使人不得不懷疑人性是否本善？

可是不管怎麼說我仍是主張人性本善。亦即人類原本是性善的，只是受周圍惡劣環境的影響而漸漸趨向性惡罷了。

我想說的是，請堅信對方。相信、相信、堅信。當然，如果相信卻遭背叛的話，有些人會認爲再沒有比這更痛苦的事了，可是只要你能堅信對方，即使被背叛，不正可以明白真正的幸福嗎？

就此意義來看，我希望諸位不要輕易地「往生」，而更應該選擇一個仔細品味人生的生活方式。

●生活中沒有信仰的人，有如一個沒有羅盤的水手。在浩瀚的大海裡隨波逐流。

51 「他力本願」並非依賴他人

佛教中的許多字眼，很多都被用在日常生活中，可是使用的意思與其原來的意思，往往具有相當的差異。

例如：前面所提到的「往生」、「成佛」，以及「講究吉凶」、「因緣」、「自作自受」等，都和原來的意思有很大的出入。

而一旦曾經被當做某種意思而普遍地使用時，不知不覺間，連字典上都會記載著這種被誤用的意思。例如：「一蓮托生」，原來的意思是指在陽世為夫婦或愛人的人們，在死後，會在極樂世界的蓮花池中，往生為同心蓮，可是在字典上卻被解釋成「以陽世的行動或命運為本之事」，而人們也大多照此意思來使用。

典型的例子尚有「他力本願」一詞。「他力本願」中的「他力」，指的是佛教支流淨土教中的阿彌陀佛的力量。藉阿彌陀佛而起誓的願望稱為本願，並非只是「他人的力量」或「其它的力量」之意，況且，連本願都沒立如何借力？

但是，有很多的字典上甚至有「拜託他人」的解釋，然後漸漸地人們也造出了一個根本不可能的成語「自力本願」。

當然，宗教用語並不只限於佛教用語，基督教等的用語也常常被使用在罵人的時候，而對那些不信宗教的人而言，相反地卻常使用在諷刺、嘲弄別人的時候。

其次還有把白色的米粒稱爲「舍利」，或是「銀舍利」，甚至把自己的小孩稱爲「餓鬼」，或者從和尙的頭形聯想而來的「和尙頭」，把「和尙」當作是高中生的代名詞。

如果是好不容易刻意地使用佛教用語的話，至少也該多瞭解一下原意，而後才加以應用。所謂的「舍利」，原來是聖者的遺骨之意，因其形狀與米粒類似，所以有人便把米粒戲稱爲舍利，如果一旦明白了這段緣由，我想就不會有人把自己吃的飯喚作「舍利」了吧！

●自己喜歡做的事，就自己徹底去做，以求最後的成功。

52 不墮入「餓鬼道」的智慧

在前面我們曾經略微提及的「餓鬼」一詞，有許多人便拿它來形容自己或別人的小孩。從字面上來看，的確是「飢餓的鬼」的意思，而存在著這些生物的世界便稱爲「惡鬼道」。

況且，在那個世界中，吃的和喝的東西都極端地缺乏，在想吃什麼或想喝什麼的時候，那樣東西馬上變成一團火，所以住在那地方的人（？）便常常處於飢渴的狀態中。

因此，想要設法送些東西給那些生在那個世界的痛苦人們，這種由同情心產生出來的儀式，就稱爲「施餓鬼」，正如其字面所示，乃是「施給餓鬼」的意思。

可是，看看人類的小孩，好像常常是一副餓肚子的樣子，所以不知不覺間便會用上如下的說法「跟餓鬼一樣狼吞虎嚥」，不久便成了「餓鬼」了。

與大人比起來，小孩子的成長比較快，食慾比較強，或許看起來的確像個餓鬼。可是，如果小孩子是「餓鬼」，那麼小孩的父親便成了「餓鬼父」，而小孩的母親就是「餓鬼母」了。這麼一想，至少在稱呼別人或自己的小孩爲「餓鬼」的時候，多少有些說不過去吧！

順便一提的是，盂蘭盆會這個宗教儀式，事實是來自於拯救墮入餓鬼之母親的目連尊者的大布施行。

目連是釋迦的一個弟子，據說神通第一，具有普通人所沒有的超能力。有一天，他忽然想知道母親死後是到了什麼世界，於是便運用超能力在死後的各個世界中眺望著。結果令人吃驚的是，自己所愛的母親竟然墮入餓鬼道中，正在忍受飢渴的煎熬。

於是目連去求救師父釋迦佛，詢問有關救母的方法。釋迦回答他——

「你的母親之所以會墮入餓鬼道，那是因爲她在生前從不曾對人布施的原因。因此，你生爲她的兒子，如果能代母布施的話，你的母親一定會因你的功德而得救。」

因此，他便在雨季終了的七月十五日舉行大布施，母親終於脫離餓鬼道而往生佛國淨土。

因而，現在仍活著的後代子孫們便代替父母親、祖父母等已去世的祖先們行「布施」，據此祈求死者死後的幸福（稱爲冥福），而具體地留傳下來的便是盂蘭盆會。

當然，不論具備多大的神通或超能力，人都不可能知道死後的世界，而且到底陽世之行爲的功德，是否在陰間也具效力，這是誰也不敢保證的事。可是，不管是誰，都不至於希望與自己的出生有因緣關係的雙親或祖先們在死後的世界中受苦，所以這種供養也算是遺族的一種願望吧！

其次，「盂蘭盆」這個字是從梵語音譯而來的，原來的意思是「倒懸」之意，指的便是餓鬼道中的痛苦。

●快樂沒有比好善更快樂了；苦惱沒有比多慾更苦惱了。

53 為往生更好世界的功德累積

以前有首童謠的歌詞是這麼開頭的：「村外的地藏菩薩、看來總是笑臉迎人。」

這個地藏菩薩在民間各處都有供奉，特別是以做爲小孩子們的守護神而出名。

當然，最近也出現了所謂的「水子地藏」，據說是未出生而夭折之嬰靈的守護本神，而究竟這地藏菩薩是個怎樣的菩薩呢？在此我們就來探討一下。

如果根據佛教思想來看，在其創始者釋迦牟尼佛去世後，一直到下一個佛陀彌勒菩薩的現世，這之間的五十六億七千萬年稱爲無佛的時代，而在這個無佛時代中，出現在世上拯救在此期間受苦的人，就是這位地藏菩薩。

而且這位菩薩不僅是在人世間，甚至在稱爲六道輪迴轉生的所有世界裡，他都是這些世界的救濟主，幾乎在所有的場合中，都被視爲稱作六地藏之六體的地藏尊而供奉著。

所謂六道，從下往上說，指的是地獄、餓鬼、畜生、阿修羅、人間、天上等六個世界。而這些都還不是悟道的世界，所以不管在這六道中的哪一個世界，反覆地輪迴都是必要的。

但是，如果地藏王只被當做一體來供奉的話，那一定是以到最下層之地獄的地藏形象受供奉著。

那麼，爲什麼這個地藏菩薩又會成爲孩子們的守護本神呢？

在佛教的教義中，依據自作自受、因果報應的想法來看的話，死後的世界乃因在世的行爲而決定。而如果在幼小的時候便去世，或者還在母親胎中時便夭折，根本不可能會有善惡的行爲，所以很難決定要到什麼世界去。

因此，這些小孩子們便藉著在陽世和陰間中間的三途之河的河灘上撿拾小石子，「第一個是爲父親、第二個是爲母親……」如此這般地積存往生更好世界的功德。

可是，像這樣地積存功德，受苦的是那群稱爲地獄之獄卒的鬼們，於是他們便拿著大鐵棒，推翻小孩子們好不容易堆積起來的小石塔。

在此時飛來自群鬼的攻擊中守護小孩子們的，便是這位地藏菩薩。因此，這個地藏菩薩就被相信是幼兒和孩童的守護本神。而且被推定應該讓他穿上兒童的棉坎和圍嘴兜。可是地藏菩薩本身並非小孩，所以並非穿在他的身上，而只是供奉在尊前而已。

這裡我斗膽敢說的是，如果是因爲生病、意外事故而死，或是流產、死產等原因而致死的話便無可厚非，可是如果是雙親隨意地圖自己利益而墮胎，認爲做了水子供養，「被殺」的孩子便能得救，那可就大錯特錯了。

就此意義上來看，不要製造水子（出生後不久即死亡的嬰兒），應該是做爲一個人類的最低限度吧！

●「反省」是一面鏡子，它能將你的錯誤清清楚楚的照出來，使你有改正的機會。

54 過著「託福託福」的人生

每一個人都非根據自己的意願而來到這世上，注意想想看，便會明白，我們都是先有一個男性和一個女性做爲雙親，然後才生爲這個家庭中的第幾個兒子或女兒。

不管我們如何叫嚷「這樣子的雙親真是討厭！」「我不要當男生！」「我不要當女生！」既然已經被生下來了，現在想改變已是不可能的了。

而且，既然出生了，那麼，一直到死爲止，我們就必須生存下去，這期間，更必須忍耐種種的悲哀和痛苦。當然也並非完全沒有快樂和歡笑可言。因此，雖然懷抱著未來的夢與希望而努力，可是誰也知道，能夠實現這些理想的人並不會太多。

非僅如此，夢和希望破滅，因而墮入失意的深淵的人所在多有，因此，好幾次都覺得「與其如此，不如死了的好」。

可是，不管宗教上如何鼓吹死後的世界是個理想的世界，但是卻沒有人敢許下保證。誰也不敢說死後便能得到幸福。

那麼，在這樣的人生中，人類活著的意義究竟是什麼呢？最要緊的是，我們每個人都必須自覺到——每一個人的人生「都不可能再重複一次」，而且「沒有任何人可以代替別人過人生」。

佛教創始者釋迦牟尼，在誕生的瞬間高聲宣言的一句話「天上天下、唯我獨尊」，便是一個最佳的表現。

這句話並非釋迦牟尼佛認爲「我是最偉大」的意思，而是代表「我是被賦予誰也不能侵犯的尊嚴而來到這世上的」。人類並不因爲所出生的家或血統而有所差別，卻都擁有完全平等的權利和價值。

亦即，不要去想「我爲什麼要出生呢？」而是應該想到「真好！能生爲人類」，如此我們的一生才能生氣勃勃地閃耀著光輝。

人類的死亡率是百分之百，在某個時間裡，我們都必須向這個世界告別。但是，不管這一生是怎樣的情形，我們終究要辭世，當想到這兒時，最重要的，便是把自己的一生過得自己可以說聲：「我能生而爲人類真是太好了！真是太感謝了！」

讓我們正視「死」這個嚴肅的事實，不是要逃避，而是要超越，只有這樣，我們才能穩定地走完剩下的人生。

雖我老早聽人說　死亡之路是必到之路　可是我從未想到　究竟是今天或是明天

爲了不在死亡接近時才愕然地吟唱這首歌，在我們每天的生活中，都要抱著如下的心境度過。

託福託福！今天一定又過完了。

這世上所有的現象都是既有開始便有結束，所以人類既然出生，在某個時候便得死亡也是理所當然的。而在死亡來臨之前的每一天，要怎麼渡過有意義的每一日——這就個人而言，其內容都不一樣　才是最重要的。

「花無百日紅，人無千日好。」在長遠的人類歷史中，雖有無數的人凋零了，可是至少在每一個人盛開的期間，要能精神十足地綻放，那才是度過有意義之人生的唯一方法。

●一個有勇氣的人，會贏得大多數人的支持。

大展出版社有限公司
品冠文化出版社

圖書目錄

地址：台北市北投區(石牌)
致遠一路二段 12 巷 1 號
電話：(02)28236031
28236033
郵撥：0166955～1
傳真：(02)28272069

・法律專欄連載・電腦編號 58

台大法學院　法律學系／策劃
法律服務社／編著

1.	別讓您的權利睡著了 [1]	200 元
2.	別讓您的權利睡著了 [2]	200 元

・武術特輯・電腦編號 10

1.	陳式太極拳入門	馮志強編著	180 元
2.	武式太極拳	郝少如編著	150 元
3.	練功十八法入門	蕭京凌編著	120 元
4.	教門長拳	蕭京凌編著	150 元
5.	跆拳道	蕭京凌編譯	180 元
6.	正傳合氣道	程曉鈴譯	200 元
7.	圖解雙節棍	陳銘遠著	150 元
8.	格鬥空手道	鄭旭旭編著	200 元
9.	實用跆拳道	陳國榮編著	200 元
10.	武術初學指南	李文英、解守德編著	250 元
11.	泰國拳	陳國榮著	180 元
12.	中國式摔跤	黃　斌編著	180 元
13.	太極劍入門	李德印編著	180 元
14.	太極拳運動	運動司編	250 元
15.	太極拳譜	清・王宗岳等著	280 元
16.	散手初學	冷　峰編著	180 元
17.	南拳	朱瑞琪編著	180 元
18.	吳式太極劍	王培生著	200 元
19.	太極拳健身和技擊	王培生著	250 元
20.	秘傳武當八卦掌	狄兆龍著	250 元
21.	太極拳論譚	沈　壽著	250 元
22.	陳式太極拳技擊法	馬　虹著	250 元
23.	二十四式/三十二式 太極拳/劍	闞桂香著	180 元
24.	楊式秘傳 129 式太極長拳	張楚全著	280 元
25.	楊式太極拳架詳解	林炳堯著	280 元

26. 華佗五禽劍	劉時榮著	180 元
27. 太極拳基礎講座：基本功與簡化 24 式	李德印著	250 元
28. 武式太極拳精華	薛乃印著	200 元
29. 陳式太極拳拳理闡微	馬 虹著	350 元
30. 陳式太極拳體用全書	馬 虹著	400 元

・原地太極拳系列・電腦編號 11

1. 原地綜合太極拳 24 式	胡啟賢創編	200 元
2. 原地活步太極拳 42 式	胡啟賢創編	200 元
3. 原地簡化太極拳 24 式	胡啟賢創編	200 元
4. 原地太極拳 12 式	胡啟賢創編	200 元

・道學文化・電腦編號 12

1. 道在養生：道教長壽術	郝 勤等著	250 元
2. 龍虎丹道：道教內丹術	郝 勤等著	300 元
3. 天上人間：道教神仙譜系	黃德海著	250 元
4. 步罡踏斗：道教祭禮儀典	張澤洪著	250 元
5. 道醫窺秘：道教醫學康復術	王慶餘等著	250 元
6. 勸善成仙：道教生命倫理	李 剛著	250 元
7. 洞天福地：道教宮觀勝境	沙銘壽著	250 元
8. 青詞碧簫：道教文學藝術	楊光文等著	250 元
9. ：道教格言精粹	朱耕發等著	250 元

・秘傳占卜系列・電腦編號 14

1. 手相術	淺野八郎著	180 元
2. 人相術	淺野八郎著	180 元
3. 西洋占星術	淺野八郎著	180 元
4. 中國神奇占卜	淺野八郎著	150 元
5. 夢判斷	淺野八郎著	150 元
6. 前世、來世占卜	淺野八郎著	150 元
7. 法國式血型學	淺野八郎著	150 元
8. 靈感、符咒學	淺野八郎著	150 元
9. 紙牌占卜學	淺野八郎著	150 元
10. ESP 超能力占卜	淺野八郎著	150 元
11. 猶太數的秘術	淺野八郎著	150 元
12. 新心理測驗	淺野八郎著	160 元
13. 塔羅牌預言秘法	淺野八郎著	200 元

・趣味心理講座・電腦編號 15

1.	性格測驗① 探索男與女	淺野八郎著	140 元
2.	性格測驗② 透視人心奧秘	淺野八郎著	140 元
3.	性格測驗③ 發現陌生的自己	淺野八郎著	140 元
4.	性格測驗④ 發現你的真面目	淺野八郎著	140 元
5.	性格測驗⑤ 讓你們吃驚	淺野八郎著	140 元
6.	性格測驗⑥ 洞穿心理盲點	淺野八郎著	140 元
7.	性格測驗⑦ 探索對方心理	淺野八郎著	140 元
8.	性格測驗⑧ 由吃認識自己	淺野八郎著	160 元
9.	性格測驗⑨ 戀愛知多少	淺野八郎著	160 元
10.	性格測驗⑩ 由裝扮瞭解人心	淺野八郎著	160 元
11.	性格測驗⑪ 敲開內心玄機	淺野八郎著	140 元
12.	性格測驗⑫ 透視你的未來	淺野八郎著	160 元
13.	血型與你的一生	淺野八郎著	160 元
14.	趣味推理遊戲	淺野八郎著	160 元
15.	行為語言解析	淺野八郎著	160 元

・婦 幼 天 地・電腦編號 16

1.	八萬人減肥成果	黃靜香譯	180 元
2.	三分鐘減肥體操	楊鴻儒譯	150 元
3.	窈窕淑女美髮秘訣	柯素娥譯	130 元
4.	使妳更迷人	成　玉譯	130 元
5.	女性的更年期	官舒妍編譯	160 元
6.	胎內育兒法	李玉瓊編譯	150 元
7.	早產兒袋鼠式護理	唐岱蘭譯	200 元
8.	初次懷孕與生產	婦幼天地編譯組	180 元
9.	初次育兒 12 個月	婦幼天地編譯組	180 元
10.	斷乳食與幼兒食	婦幼天地編譯組	180 元
11.	培養幼兒能力與性向	婦幼天地編譯組	180 元
12.	培養幼兒創造力的玩具與遊戲	婦幼天地編譯組	180 元
13.	幼兒的症狀與疾病	婦幼天地編譯組	180 元
14.	腿部苗條健美法	婦幼天地編譯組	180 元
15.	女性腰痛別忽視	婦幼天地編譯組	150 元
16.	舒展身心體操術	李玉瓊編譯	130 元
17.	三分鐘臉部體操	趙薇妮著	160 元
18.	生動的笑容表情術	趙薇妮著	160 元
19.	心曠神怡減肥法	川津祐介著	130 元
20.	內衣使妳更美麗	陳玄茹譯	130 元
21.	瑜伽美姿美容	黃靜香編著	180 元
22.	高雅女性裝扮學	陳珮玲譯	180 元
23.	蠶糞肌膚美顏法	坂梨秀子著	160 元

24. 認識妳的身體	李玉瓊譯	160 元
25. 產後恢復苗條體態	居理安・芙萊喬著	200 元
26. 正確護髮美容法	山崎伊久江著	180 元
27. 安琪拉美姿養生學	安琪拉蘭斯博瑞著	180 元
28. 女體性醫學剖析	增田豐著	220 元
29. 懷孕與生產剖析	岡部綾子著	180 元
30. 斷奶後的健康育兒	東城百合子著	220 元
31. 引出孩子幹勁的責罵藝術	多湖輝著	170 元
32. 培養孩子獨立的藝術	多湖輝著	170 元
33. 子宮肌瘤與卵巢囊腫	陳秀琳編著	180 元
34. 下半身減肥法	納他夏・史達賓著	180 元
35. 女性自然美容法	吳雅菁編著	180 元
36. 再也不發胖	池園悅太郎著	170 元
37. 生男生女控制術	中垣勝裕著	220 元
38. 使妳的肌膚更亮麗	楊　皓編著	170 元
39. 臉部輪廓變美	芝崎義夫著	180 元
40. 斑點、皺紋自己治療	高須克彌著	180 元
41. 面皰自己治療	伊藤雄康著	180 元
42. 隨心所欲瘦身冥想法	原久子著	180 元
43. 胎兒革命	鈴木丈織著	180 元
44. NS 磁氣平衡法塑造窈窕奇蹟	古屋和江著	180 元
45. 享瘦從腳開始	山田陽子著	180 元
46. 小改變瘦 4 公斤	宮本裕子著	180 元
47. 軟管減肥瘦身	高橋輝男著	180 元
48. 海藻精神秘美容法	劉名揚編著	180 元
49. 肌膚保養與脫毛	鈴木真理著	180 元
50. 10 天減肥 3 公斤	彤雲編輯組	180 元
51. 穿出自己的品味	西村玲子著	280 元
52. 小孩髮型設計	李芳黛譯	250 元

・青 春 天 地・電腦編號 17

1. A 血型與星座	柯素娥編譯	160 元
2. B 血型與星座	柯素娥編譯	160 元
3. O 血型與星座	柯素娥編譯	160 元
4. AB 血型與星座	柯素娥編譯	120 元
5. 青春期性教室	呂貴嵐編譯	130 元
7. 難解數學破題	宋釗宜編譯	130 元
9. 小論文寫作秘訣	林顯茂編譯	120 元
11. 中學生野外遊戲	熊谷康編著	120 元
12. 恐怖極短篇	柯素娥編譯	130 元
13. 恐怖夜話	小毛驢編譯	130 元
14. 恐怖幽默短篇	小毛驢編譯	120 元
15. 黑色幽默短篇	小毛驢編譯	120 元

16. 靈異怪談	小毛驢編譯	130元
17. 錯覺遊戲	小毛驢編著	130元
18. 整人遊戲	小毛驢編著	150元
19. 有趣的超常識	柯素娥編譯	130元
20. 哦！原來如此	林慶旺編譯	130元
21. 趣味競賽100種	劉名揚編譯	120元
22. 數學謎題入門	宋釗宜編譯	150元
23. 數學謎題解析	宋釗宜編譯	150元
24. 透視男女心理	林慶旺編譯	120元
25. 少女情懷的自白	李桂蘭編譯	120元
26. 由兄弟姊妹看命運	李玉瓊編譯	130元
27. 趣味的科學魔術	林慶旺編譯	150元
28. 趣味的心理實驗室	李燕玲編譯	150元
29. 愛與性心理測驗	小毛驢編譯	130元
30. 刑案推理解謎	小毛驢編譯	180元
31. 偵探常識推理	小毛驢編譯	180元
32. 偵探常識解謎	小毛驢編譯	130元
33. 偵探推理遊戲	小毛驢編譯	180元
34. 趣味的超魔術	廖玉山編著	150元
35. 趣味的珍奇發明	柯素娥編著	150元
36. 登山用具與技巧	陳瑞菊編著	150元
37. 性的漫談	蘇燕謀編著	180元
38. 無的漫談	蘇燕謀編著	180元
39. 黑色漫談	蘇燕謀編著	180元
40. 白色漫談	蘇燕謀編著	180元

・健 康 天 地・電腦編號 18

1. 壓力的預防與治療	柯素娥編譯	130元
2. 超科學氣的魔力	柯素娥編譯	130元
3. 尿療法治病的神奇	中尾良一著	130元
4. 鐵證如山的尿療法奇蹟	廖玉山譯	120元
5. 一日斷食健康法	葉慈容編譯	150元
6. 胃部強健法	陳炳崑譯	120元
7. 癌症早期檢查法	廖松濤譯	160元
8. 老人痴呆症防止法	柯素娥編譯	130元
9. 松葉汁健康飲料	陳麗芬編譯	130元
10. 揉肚臍健康法	永井秋夫著	150元
11. 過勞死、猝死的預防	卓秀貞編譯	130元
12. 高血壓治療與飲食	藤山順豐著	180元
13. 老人看護指南	柯素娥編譯	150元
14. 美容外科淺談	楊啟宏著	150元
15. 美容外科新境界	楊啟宏著	150元
16. 鹽是天然的醫生	西英司郎著	140元

17. 年輕十歲不是夢　梁瑞麟譯　200元
18. 茶料理治百病　桑野和民著　180元
19. 綠茶治病寶典　桑野和民著　150元
20. 杜仲茶養顏減肥法　西田博著　170元
21. 蜂膠驚人療效　瀨長良三郎著　180元
22. 蜂膠治百病　瀨長良三郎著　180元
23. 醫藥與生活(一)　鄭炳全著　180元
24. 鈣長生寶典　落合敏著　180元
25. 大蒜長生寶典　木下繁太郎著　160元
26. 居家自我健康檢查　石川恭三著　160元
27. 永恆的健康人生　李秀鈴譯　200元
28. 大豆卵磷脂長生寶典　劉雪卿譯　150元
29. 芳香療法　梁艾琳譯　160元
30. 醋長生寶典　柯素娥譯　180元
31. 從星座透視健康　席拉・吉蒂斯著　180元
32. 愉悅自在保健學　野本二士夫著　160元
33. 裸睡健康法　丸山淳士等著　160元
34. 糖尿病預防與治療　藤田順豐著　180元
35. 維他命長生寶典　菅原明子著　180元
36. 維他命C新效果　鐘文訓編　150元
37. 手、腳病理按摩　堤芳朗著　160元
38. AIDS瞭解與預防　彼得塔歇爾著　180元
39. 甲殼質殼聚糖健康法　沈永嘉譯　160元
40. 神經痛預防與治療　木下真男著　160元
41. 室內身體鍛鍊法　陳炳崑編著　160元
42. 吃出健康藥膳　劉大器編著　180元
43. 自我指壓術　蘇燕謀編著　160元
44. 紅蘿蔔汁斷食療法　李玉瓊編著　150元
45. 洗心術健康秘法　竺翠萍編譯　170元
46. 枇杷葉健康療法　柯素娥編譯　180元
47. 抗衰血癒　楊啟宏著　180元
48. 與癌搏鬥記　逸見政孝著　180元
49. 冬蟲夏草長生寶典　高橋義博著　170元
50. 痔瘡・大腸疾病先端療法　宮島伸宜著　180元
51. 膠布治癒頑固慢性病　加瀨建造著　180元
52. 芝麻神奇健康法　小林貞作著　170元
53. 香煙能防止癡呆？　高田明和著　180元
54. 穀菜食治癌療法　佐藤成志著　180元
55. 貼藥健康法　松原英多著　180元
56. 克服癌症調和道呼吸法　帶津良一著　180元
57. B型肝炎預防與治療　野村喜重郎著　180元
58. 青春永駐養生導引術　早島正雄著　180元
59. 改變呼吸法創造健康　原久子著　180元
60. 荷爾蒙平衡養生秘訣　出村博著　180元

61. 水美肌健康法	井戶勝富著	170 元
62. 認識食物掌握健康	廖梅珠編著	170 元
63. 痛風劇痛消除法	鈴木吉彥著	180 元
64. 酸莖菌驚人療效	上田明彥著	180 元
65. 大豆卵磷脂治現代病	神津健一著	200 元
66. 時辰療法—危險時刻凌晨 4 時	呂建強等著	180 元
67. 自然治癒力提升法	帶津良一著	180 元
68. 巧妙的氣保健法	藤平墨子著	180 元
69. 治癒 C 型肝炎	熊田博光著	180 元
70. 肝臟病預防與治療	劉名揚編著	180 元
71. 腰痛平衡療法	荒井政信著	180 元
72. 根治多汗症、狐臭	稻葉益巳著	220 元
73. 40 歲以後的骨質疏鬆症	沈永嘉譯	180 元
74. 認識中藥	松下一成著	180 元
75. 認識氣的科學	佐佐木茂美著	180 元
76. 我戰勝了癌症	安田伸著	180 元
77. 斑點是身心的危險信號	中野進著	180 元
78. 艾波拉病毒大震撼	玉川重德著	180 元
79. 重新還我黑髮	桑名隆一郎著	180 元
80. 身體節律與健康	林博史著	180 元
81. 生薑治萬病	石原結實著	180 元
82. 靈芝治百病	陳瑞東著	180 元
83. 木炭驚人的威力	大槻彰著	200 元
84. 認識活性氧	井土貴司著	180 元
85. 深海鮫治百病	廖玉山編著	180 元
86. 神奇的蜂王乳	井上丹治著	180 元
87. 卡拉 OK 健腦法	東潔著	180 元
88. 卡拉 OK 健康法	福田伴男著	180 元
89. 醫藥與生活(二)	鄭炳全著	200 元
90. 洋蔥治百病	宮尾興平著	180 元
91. 年輕 10 歲快步健康法	石塚忠雄著	180 元
92. 石榴的驚人神效	岡本順子著	180 元
93. 飲料健康法	白鳥早奈英著	180 元
94. 健康棒體操	劉名揚編譯	180 元
95. 催眠健康法	蕭京凌編著	180 元
96. 鬱金（美王）治百病	水野修一著	180 元
97. 醫藥與生活(三)	鄭炳全著	200 元

・實用女性學講座・電腦編號 19

1. 解讀女性內心世界	島田一男著	150 元
2. 塑造成熟的女性	島田一男著	150 元
3. 女性整體裝扮學	黃靜香編著	180 元
4. 女性應對禮儀	黃靜香編著	180 元

5.	女性婚前必修	小野十傳著	200 元
6.	徹底瞭解女人	田口二州著	180 元
7.	拆穿女性謊言 88 招	島田一男著	200 元
8.	解讀女人心	島田一男著	200 元
9.	俘獲女性絕招	志賀貢著	200 元
10.	愛情的壓力解套	中村理英子著	200 元
11.	妳是人見人愛的女孩	廖松濤編著	200 元

・校園系列・電腦編號 20

1.	讀書集中術	多湖輝著	180 元
2.	應考的訣竅	多湖輝著	150 元
3.	輕鬆讀書贏得聯考	多湖輝著	150 元
4.	讀書記憶秘訣	多湖輝著	180 元
5.	視力恢復！超速讀術	江錦雲譯	180 元
6.	讀書 36 計	黃柏松編著	180 元
7.	驚人的速讀術	鐘文訓編著	170 元
8.	學生課業輔導良方	多湖輝著	180 元
9.	超速讀超記憶法	廖松濤編著	180 元
10.	速算解題技巧	宋釗宜編著	200 元
11.	看圖學英文	陳炳崑編著	200 元
12.	讓孩子最喜歡數學	沈永嘉譯	180 元
13.	催眠記憶術	林碧清譯	180 元
14.	催眠速讀術	林碧清譯	180 元
15.	數學式思考學習法	劉淑錦譯	200 元
16.	考試憑要領	劉孝暉著	180 元
17.	事半功倍讀書法	王毅希著	200 元
18.	超金榜題名術	陳蒼杰譯	200 元
19.	靈活記憶術	林耀慶編著	180 元

・實用心理學講座・電腦編號 21

1.	拆穿欺騙伎倆	多湖輝著	140 元
2.	創造好構想	多湖輝著	140 元
3.	面對面心理術	多湖輝著	160 元
4.	偽裝心理術	多湖輝著	140 元
5.	透視人性弱點	多湖輝著	140 元
6.	自我表現術	多湖輝著	180 元
7.	不可思議的人性心理	多湖輝著	180 元
8.	催眠術入門	多湖輝著	150 元
9.	責罵部屬的藝術	多湖輝著	150 元
10.	精神力	多湖輝著	150 元
11.	厚黑說服術	多湖輝著	150 元

12. 集中力	多湖輝著	150 元
13. 構想力	多湖輝著	150 元
14. 深層心理術	多湖輝著	160 元
15. 深層語言術	多湖輝著	160 元
16. 深層說服術	多湖輝著	180 元
17. 掌握潛在心理	多湖輝著	160 元
18. 洞悉心理陷阱	多湖輝著	180 元
19. 解讀金錢心理	多湖輝著	180 元
20. 拆穿語言圈套	多湖輝著	180 元
21. 語言的內心玄機	多湖輝著	180 元
22. 積極力	多湖輝著	180 元

・超現實心理講座・電腦編號 22

1. 超意識覺醒法	詹蔚芬編譯	130 元
2. 護摩秘法與人生	劉名揚編譯	130 元
3. 秘法！超級仙術入門	陸明譯	150 元
4. 給地球人的訊息	柯素娥編著	150 元
5. 密教的神通力	劉名揚編著	130 元
6. 神秘奇妙的世界	平川陽一著	200 元
7. 地球文明的超革命	吳秋嬌譯	200 元
8. 力量石的秘密	吳秋嬌譯	180 元
9. 超能力的靈異世界	馬小莉譯	200 元
10. 逃離地球毀滅的命運	吳秋嬌譯	200 元
11. 宇宙與地球終結之謎	南山宏著	200 元
12. 驚世奇功揭秘	傅起鳳著	200 元
13. 啟發身心潛力心象訓練法	栗田昌裕著	180 元
14. 仙道術遁甲法	高藤聰一郎著	220 元
15. 神通力的秘密	中岡俊哉著	180 元
16. 仙人成仙術	高藤聰一郎著	200 元
17. 仙道符咒氣功法	高藤聰一郎著	220 元
18. 仙道風水術尋龍法	高藤聰一郎著	200 元
19. 仙道奇蹟超幻像	高藤聰一郎著	200 元
20. 仙道鍊金術房中法	高藤聰一郎著	200 元
21. 奇蹟超醫療治癒難病	深野一幸著	220 元
22. 揭開月球的神秘力量	超科學研究會	180 元
23. 西藏密教奧義	高藤聰一郎著	250 元
24. 改變你的夢術入門	高藤聰一郎著	250 元
25. 21 世紀拯救地球超技術	深野一幸著	250 元

・養 生 保 健・電腦編號 23

1. 醫療養生氣功	黃孝寬著	250 元

2. 中國氣功圖譜　余功保著　250元
3. 少林醫療氣功精粹　井玉蘭著　250元
4. 龍形實用氣功　吳大才等著　220元
5. 魚戲增視強身氣功　宮　嬰著　220元
6. 嚴新氣功　前新培金著　250元
7. 道家玄牝氣功　張　章著　200元
8. 仙家秘傳袪病功　李遠國著　160元
9. 少林十大健身功　秦慶豐著　180元
10. 中國自控氣功　張明武著　250元
11. 醫療防癌氣功　黃孝寬著　250元
12. 醫療強身氣功　黃孝寬著　250元
13. 醫療點穴氣功　黃孝寬著　250元
14. 中國八卦如意功　趙維漢著　180元
15. 正宗馬禮堂養氣功　馬禮堂著　420元
16. 秘傳道家筋經內丹功　王慶餘著　280元
17. 三元開慧功　辛桂林著　250元
18. 防癌治癌新氣功　郭　林著　180元
19. 禪定與佛家氣功修煉　劉天君著　200元
20. 顛倒之術　梅自強著　360元
21. 簡明氣功辭典　吳家駿編　360元
22. 八卦三合功　張全亮著　230元
23. 朱砂掌健身養生功　楊永著　250元
24. 抗老功　陳九鶴著　230元
25. 意氣按穴排濁自療法　黃啟運編著　250元
26. 陳式太極拳養生功　陳正雷著　200元
27. 健身祛病小功法　王培生著　200元
28. 張式太極混元功　張春銘著　250元
29. 中國璇密功　羅琴編著　250元
30. 中國少林禪密功　齊飛龍著　200元

・社會人智囊・電腦編號 24

1. 糾紛談判術　清水增三著　160元
2. 創造關鍵術　淺野八郎著　150元
3. 觀人術　淺野八郎著　200元
4. 應急詭辯術　廖英迪編著　160元
5. 天才家學習術　木原武一著　160元
6. 貓型狗式鑑人術　淺野八郎著　180元
7. 逆轉運掌握術　淺野八郎著　180元
8. 人際圓融術　澀谷昌三著　160元
9. 解讀人心術　淺野八郎著　180元
10. 與上司水乳交融術　秋元隆司著　180元
11. 男女心態定律　小田晉著　180元
12. 幽默說話術　林振輝編著　200元

13. 人能信賴幾分	淺野八郎著	180元
14. 我一定能成功	李玉瓊譯	180元
15. 獻給青年的嘉言	陳蒼杰譯	180元
16. 知人、知面、知其心	林振輝編著	180元
17. 塑造堅強的個性	坂上肇著	180元
18. 為自己而活	佐藤綾子著	180元
19. 未來十年與愉快生活有約	船井幸雄著	180元
20. 超級銷售話術	杜秀卿譯	180元
21. 感性培育術	黃靜香編著	180元
22. 公司新鮮人的禮儀規範	蔡媛惠譯	180元
23. 傑出職員鍛鍊術	佐佐木正著	180元
24. 面談獲勝戰略	李芳黛譯	180元
25. 金玉良言撼人心	森純大著	180元
26. 男女幽默趣典	劉華亭編著	180元
27. 機智說話術	劉華亭編著	180元
28. 心理諮商室	柯素娥譯	180元
29. 如何在公司崢嶸頭角	佐佐木正著	180元
30. 機智應對術	李玉瓊編著	200元
31. 克服低潮良方	坂野雄二著	180元
32. 智慧型說話技巧	沈永嘉編著	180元
33. 記憶力、集中力增進術	廖松濤編著	180元
34. 女職員培育術	林慶旺編著	180元
35. 自我介紹與社交禮儀	柯素娥編著	180元
36. 積極生活創幸福	田中真澄著	180元
37. 妙點子超構想	多湖輝著	180元
38. 說NO的技巧	廖玉山編著	180元
39. 一流說服力	李玉瓊編著	180元
40. 般若心經成功哲學	陳鴻蘭編著	180元
41. 訪問推銷術	黃靜香編著	180元
42. 男性成功秘訣	陳蒼杰編著	180元
43. 笑容、人際智商	宮川澄子著	180元
44. 多湖輝的構想工作室	多湖輝著	200元
45. 名人名語啟示錄	喬家楓著	180元
46. 口才必勝術	黃柏松編著	220元
47. 能言善道的說話術	章智冠編著	180元
48. 改變人心成為贏家	多湖輝著	200元
49. 說服的ＩＱ	沈永嘉譯	200元
50. 提升腦力超速讀術	齊藤英治著	200元
51. 操控對手百戰百勝	多湖輝著	200元
52. 面試成功戰略	柯素娥編著	200元
53. 摸透男人心	劉華亭編著	180元
54. 撼動人心優勢口才	龔伯牧編著	180元
55. 如何使對方說yes	程　羲編著	200元
56. 小道理・美好人生	林政峯編著	180元

・精選系列・電腦編號 25

1. 毛澤東與鄧小平	渡邊利夫等著	280 元
2. 中國大崩裂	江戶介雄著	180 元
3. 台灣・亞洲奇蹟	上村幸治著	220 元
4. 7-ELEVEN 高盈收策略	國友隆一著	180 元
5. 台灣獨立（新・中國日本戰爭一）	森詠著	200 元
6. 迷失中國的末路	江戶雄介著	220 元
7. 2000 年 5 月全世界毀滅	紫藤甲子男著	180 元
8. 失去鄧小平的中國	小島朋之著	220 元
9. 世界史爭議性異人傳	桐生操著	200 元
10. 淨化心靈享人生	松濤弘道著	220 元
11. 人生心情診斷	賴藤和寬著	220 元
12. 中美大決戰	檜山良昭著	220 元
13. 黃昏帝國美國	莊雯琳譯	220 元
14. 兩岸衝突（新・中國日本戰爭二）	森詠著	220 元
15. 封鎖台灣（新・中國日本戰爭三）	森詠著	220 元
16. 中國分裂（新・中國日本戰爭四）	森詠著	220 元
17. 由女變男的我	虎井正衛著	200 元
18. 佛學的安心立命	松濤弘道著	220 元
19. 世界喪禮大觀	松濤弘道著	280 元
20. 中國內戰（新・中國日本戰爭五）	森詠著	220 元
21. 台灣內亂（新・中國日本戰爭六）	森詠著	220 元
22. 琉球戰爭①（新・中國日本戰爭七）	森詠著	220 元
23. 琉球戰爭②（新・中國日本戰爭八）	森詠著	220 元

・運動遊戲・電腦編號 26

1. 雙人運動	李玉瓊譯	160 元
2. 愉快的跳繩運動	廖玉山譯	180 元
3. 運動會項目精選	王佑京譯	150 元
4. 肋木運動	廖玉山譯	150 元
5. 測力運動	王佑宗譯	150 元
6. 游泳入門	唐桂萍編著	200 元
7. 帆板衝浪	王勝利譯	300 元

・休閒娛樂・電腦編號 27

1. 海水魚飼養法	田中智浩著	300 元
2. 金魚飼養法	曾雪玫譯	250 元
3. 熱門海水魚	毛利匡明著	480 元
4. 愛犬的教養與訓練	池田好雄著	250 元
5. 狗教養與疾病	杉浦哲著	220 元

6.	小動物養育技巧	三上昇著	300元
7.	水草選擇、培育、消遣	安齊裕司著	300元
8.	四季釣魚法	釣朋會著	200元
9.	簡易釣魚入門	張果馨譯	200元
10.	防波堤釣入門	張果馨譯	220元
20.	園藝植物管理	船越亮二著	220元
30.	汽車急救ＤＩＹ	陳瑞雄編著	200元
31.	巴士旅行遊戲	陳羲編著	180元
32.	測驗你的ＩＱ	蕭京凌編著	180元
33.	益智數字遊戲	廖玉山編著	180元
40.	撲克牌遊戲與贏牌秘訣	林振輝編著	180元
41.	撲克牌魔術、算命、遊戲	林振輝編著	180元
42.	撲克占卜入門	王家成編著	180元
50.	兩性幽默	幽默選集編輯組	180元
51.	異色幽默	幽默選集編輯組	180元

・銀髮族智慧學・電腦編號 28

1.	銀髮六十樂逍遙	多湖輝著	170元
2.	人生六十反年輕	多湖輝著	170元
3.	六十歲的決斷	多湖輝著	170元
4.	銀髮族健身指南	孫瑞台編著	250元
5.	退休後的夫妻健康生活	施聖茹譯	200元

・飲 食 保 健・電腦編號 29

1.	自己製作健康茶	大海淳著	220元
2.	好吃、具藥效茶料理	德永睦子著	220元
3.	改善慢性病健康藥草茶	吳秋嬌譯	200元
4.	藥酒與健康果菜汁	成玉編著	250元
5.	家庭保健養生湯	馬汴梁編著	220元
6.	降低膽固醇的飲食	早川和志著	200元
7.	女性癌症的飲食	女子營養大學	280元
8.	痛風者的飲食	女子營養大學	280元
9.	貧血者的飲食	女子營養大學	280元
10.	高脂血症者的飲食	女子營養大學	280元
11.	男性癌症的飲食	女子營養大學	280元
12.	過敏者的飲食	女子營養大學	280元
13.	心臟病的飲食	女子營養大學	280元
14.	滋陰壯陽的飲食	王增著	220元
15.	胃、十二指腸潰瘍的飲食	勝健一等著	280元
16.	肥胖者的飲食	雨宮禎子等著	280元

・家庭醫學保健・ 電腦編號 30

1. 女性醫學大全	雨森良彥著	380 元
2. 初為人父育兒寶典	小瀧周曹著	220 元
3. 性活力強健法	相建華著	220 元
4. 30 歲以上的懷孕與生產	李芳黛編著	220 元
5. 舒適的女性更年期	野末悅子著	200 元
6. 夫妻前戲的技巧	笠井寬司著	200 元
7. 病理足穴按摩	金慧明著	220 元
8. 爸爸的更年期	河野孝旺著	200 元
9. 橡皮帶健康法	山田晶著	180 元
10. 三十三天健美減肥	相建華等著	180 元
11. 男性健美入門	孫玉祿編著	180 元
12. 強化肝臟秘訣	主婦の友社編	200 元
13. 了解藥物副作用	張果馨譯	200 元
14. 女性醫學小百科	松山榮吉著	200 元
15. 左轉健康法	龜田修等著	200 元
16. 實用天然藥物	鄭炳全編著	260 元
17. 神秘無痛平衡療法	林宗駛著	180 元
18. 膝蓋健康法	張果馨譯	180 元
19. 針灸治百病	葛書翰著	250 元
20. 異位性皮膚炎治癒法	吳秋嬌譯	220 元
21. 禿髮白髮預防與治療	陳炳崑編著	180 元
22. 埃及皇宮菜健康法	飯森薰著	200 元
23. 肝臟病安心治療	上野幸久著	220 元
24. 耳穴治百病	陳抗美等著	250 元
25. 高效果指壓法	五十嵐康彥著	200 元
26. 瘦水、胖水	鈴木園子著	200 元
27. 手針新療法	朱振華著	200 元
28. 香港腳預防與治療	劉小惠譯	250 元
29. 智慧飲食吃出健康	柯富陽編著	200 元
30. 牙齒保健法	廖玉山編著	200 元
31. 恢復元氣養生食	張果馨譯	200 元
32. 特效推拿按摩術	李玉田著	200 元
33. 一週一次健康法	若狹真著	200 元
34. 家常科學膳食	大塚滋著	220 元
35. 夫妻們閱讀的男性不孕	原利夫著	220 元
36. 自我瘦身美容	馬野詠子著	200 元
37. 魔法姿勢益健康	五十嵐康彥著	200 元
38. 眼病錘療法	馬栩周著	200 元
39. 預防骨質疏鬆症	藤田拓男著	200 元
40. 骨質增生效驗方	李吉茂編著	250 元
41. 蕺菜健康法	小林正夫著	200 元

42. 赧於啟齒的男性煩惱	增田豐著	220 元
43. 簡易自我健康檢查	稻葉允著	250 元
44. 實用花草健康法	友田純子著	200 元
45. 神奇的手掌療法	日比野喬著	230 元
46. 家庭式三大穴道療法	刑部忠和著	200 元
47. 子宮癌、卵巢癌	岡島弘幸著	220 元
48. 糖尿病機能性食品	劉雪卿編著	220 元
49. 奇蹟活現經脈美容法	林振輝編譯	200 元
50. Super SEX	秋好憲一著	220 元
51. 了解避孕丸	林玉佩譯	200 元
52. 有趣的遺傳學	蕭京凌編著	200 元
53. 強身健腦手指運動	羅群等著	250 元
54. 小周天健康法	莊雯琳譯	200 元
55. 中西醫結合醫療	陳蒼杰譯	200 元
56. 沐浴健康法	楊鴻儒譯	200 元
57. 節食瘦身秘訣	張芷欣編著	200 元
58. 酵素健康法	楊皓譯	200 元
59. 一天 10 分鐘健康太極拳	劉小惠譯	250 元
60. 中老年人疲勞消除法	五味雅吉著	220 元
61. 與齲齒訣別	楊鴻儒譯	220 元
62. 禪宗自然養生法	費德漢編著	200 元
63. 女性切身醫學	編輯群編	200 元

・超經營新智慧・電腦編號 31

1. 躍動的國家越南	林雅倩譯	250 元
2. 甦醒的小龍菲律賓	林雅倩譯	220 元
3. 中國的危機與商機	中江要介著	250 元
4. 在印度的成功智慧	山內利男著	220 元
5. 7-ELEVEN 大革命	村上豐道著	200 元
6. 業務員成功秘方	呂育清編著	200 元
7. 在亞洲成功的智慧	鈴木讓二著	220 元
8. 圖解活用經營管理	山際有文著	220 元
9. 速效行銷學	江尻弘著	220 元
10. 猶太成功商法	周蓮芬編著	200 元
11. 工廠管理新手法	黃柏松編著	220 元

・親子系列・電腦編號 32

1. 如何使孩子出人頭地	多湖輝著	200 元
2. 心靈啟蒙教育	多湖輝著	280 元
3. 如何使孩子數學滿分	林明嬋編著	180 元
4. 終身受用的學習秘訣	李芳黛譯	200 元

5.	數學疑問破解	陳蒼杰譯	200 元

・雅致系列・電腦編號 33

1.	健康食譜春冬篇	丸元淑生著	200 元
2.	健康食譜夏秋篇	丸元淑生著	200 元
3.	純正家庭料理	陳建民等著	200 元
4.	家庭四川菜	陳建民著	200 元
5.	醫食同源健康美食	郭長聚著	200 元
6.	家族健康食譜	東畑朝子著	200 元

・美術系列・電腦編號 34

1.	可愛插畫集	鉛筆等著	220 元
2.	人物插畫集	鉛筆等著	180 元

・勞作系列・電腦編號 35

1.	活動玩具ＤＩＹ	李芳黛譯	230 元
2.	組合玩具ＤＩＹ	李芳黛譯	230 元
3.	花草遊戲ＤＩＹ	張果馨譯	250 元

・心 靈 雅 集・電腦編號 00

1.	禪言佛語看人生	松濤弘道著	180 元
2.	禪密教的奧秘	葉逯謙譯	120 元
3.	觀音大法力	田口日勝著	120 元
4.	觀音法力的大功德	田口日勝著	120 元
5.	達摩禪 106 智慧	劉華亭編譯	220 元
6.	有趣的佛教研究	葉逯謙編譯	170 元
7.	夢的開運法	蕭京凌譯	180 元
8.	禪學智慧	柯素娥編譯	130 元
9.	女性佛教入門	許俐萍譯	110 元
10.	佛像小百科	心靈雅集編譯組	130 元
11.	佛教小百科趣談	心靈雅集編譯組	120 元
12.	佛教小百科漫談	心靈雅集編譯組	150 元
13.	佛教知識小百科	心靈雅集編譯組	150 元
14.	佛學名言智慧	松濤弘道著	220 元
15.	釋迦名言智慧	松濤弘道著	220 元
16.	活人禪	平田精耕著	120 元
17.	坐禪入門	柯素娥編譯	150 元
18.	現代禪悟	柯素娥編譯	130 元
19.	道元禪師語錄	心靈雅集編譯組	130 元

20. 佛學經典指南	心靈雅集編譯組	130元
21. 何謂「生」阿含經	心靈雅集編譯組	150元
22. 一切皆空　般若心經	心靈雅集編譯組	180元
23. 超越迷惘　法句經	心靈雅集編譯組	130元
24. 開拓宇宙觀　華嚴經	心靈雅集編譯組	180元
25. 真實之道　法華經	心靈雅集編譯組	130元
26. 自由自在　涅槃經	心靈雅集編譯組	130元
27. 沈默的教示　維摩經	心靈雅集編譯組	150元
28. 開通心眼　佛語佛戒	心靈雅集編譯組	130元
29. 揭秘寶庫　密教經典	心靈雅集編譯組	180元
30. 坐禪與養生	廖松濤譯	110元
31. 釋尊十戒	柯素娥編譯	120元
32. 佛法與神通	劉欣如編著	120元
33. 悟（正法眼藏的世界）	柯素娥編譯	120元
34. 只管打坐	劉欣如編著	120元
35. 喬答摩・佛陀傳	劉欣如編著	120元
36. 唐玄奘留學記	劉欣如編著	120元
37. 佛教的人生觀	劉欣如編譯	110元
38. 無門關(上卷)	心靈雅集編譯組	150元
39. 無門關(下卷)	心靈雅集編譯組	150元
40. 業的思想	劉欣如編著	130元
41. 佛法難學嗎	劉欣如著	140元
42. 佛法實用嗎	劉欣如著	140元
43. 佛法殊勝嗎	劉欣如著	140元
44. 因果報應法則	李常傳編	180元
45. 佛教醫學的奧秘	劉欣如編著	150元
46. 紅塵絕唱	海　若著	130元
47. 佛教生活風情	洪丕謨、姜玉珍著	220元
48. 行住坐臥有佛法	劉欣如著	160元
49. 起心動念是佛法	劉欣如著	160元
50. 四字禪語	曹洞宗青年會	200元
51. 妙法蓮華經	劉欣如編著	160元
52. 根本佛教與大乘佛教	葉作森編	180元
53. 大乘佛經	定方晟著	180元
54. 須彌山與極樂世界	定方晟著	180元
55. 阿闍世的悟道	定方晟著	180元
56. 金剛經的生活智慧	劉欣如著	180元
57. 佛教與儒教	劉欣如編譯	180元
58. 佛教史入門	劉欣如編譯	180元
59. 印度佛教思想史	劉欣如編譯	200元
60. 佛教與女性	劉欣如編譯	180元
61. 禪與人生	洪丕謨主編	260元
62. 領悟佛經的智慧	劉欣如著	200元

・經營管理・電腦編號 01

◎ 創新經營管理六十六大計（精）	蔡弘文編	780 元
1. 如何獲取生意情報	蘇燕謀譯	110 元
2. 經濟常識問答	蘇燕謀譯	130 元
4. 台灣商戰風雲錄	陳中雄著	120 元
5. 推銷大王秘錄	原一平著	180 元
6. 新創意・賺大錢	王家成譯	90 元
10. 美國實業 24 小時	柯順隆譯	80 元
11. 撼動人心的推銷法	原一平著	150 元
12. 高竿經營法	蔡弘文編	120 元
13. 如何掌握顧客	柯順隆譯	150 元
17. 一流的管理	蔡弘文編	150 元
18. 外國人看中韓經濟	劉華亭譯	150 元
20. 突破商場人際學	林振輝編著	90 元
22. 如何使女人打開錢包	林振輝編著	100 元
24. 小公司經營策略	王嘉誠著	160 元
25. 成功的會議技巧	鐘文訓編譯	100 元
26. 新時代老闆學	黃柏松編著	100 元
27. 如何創造商場智囊團	林振輝編譯	150 元
28. 十分鐘推銷術	林振輝編譯	180 元
29. 五分鐘育才	黃柏松編譯	100 元
33. 自我經濟學	廖松濤編譯	100 元
34. 一流的經營	陶田生編著	120 元
35. 女性職員管理術	王昭國編譯	120 元
36. ＩＢＭ的人事管理	鐘文訓編譯	150 元
37. 現代電腦常識	王昭國編譯	150 元
38. 電腦管理的危機	鐘文訓編譯	120 元
39. 如何發揮廣告效果	王昭國編譯	150 元
40. 最新管理技巧	王昭國編譯	150 元
41. 一流推銷術	廖松濤編譯	150 元
42. 包裝與促銷技巧	王昭國編譯	130 元
43. 企業王國指揮塔	松下幸之助著	120 元
44. 企業精銳兵團	松下幸之助著	120 元
45. 企業人事管理	松下幸之助著	100 元
46. 華僑經商致富術	廖松濤編譯	130 元
47. 豐田式銷售技巧	廖松濤編譯	180 元
48. 如何掌握銷售技巧	王昭國編著	130 元
50. 洞燭機先的經營	鐘文訓編譯	150 元
52. 新世紀的服務業	鐘文訓編譯	100 元
53. 成功的領導者	廖松濤編譯	120 元
54. 女推銷員成功術	李玉瓊編譯	130 元
55. ＩＢＭ人才培育術	鐘文訓編譯	100 元

56. 企業人自我突破法	黃琪輝編著	150元
58. 財富開發術	蔡弘文編著	130元
59. 成功的店舖設計	鐘文訓編著	150元
61. 企管回春法	蔡弘文編著	130元
62. 小企業經營指南	鐘文訓編譯	100元
63. 商場致勝名言	鐘文訓編譯	150元
64. 迎接商業新時代	廖松濤編譯	100元
66. 新手股票投資入門	何朝乾編著	200元
67. 上揚股與下跌股	何朝乾編譯	180元
68. 股票速成學	何朝乾編譯	200元
69. 理財與股票投資策略	黃俊豪編著	180元
70. 黃金投資策略	黃俊豪編著	180元
71. 厚黑管理學	廖松濤編譯	180元
72. 股市致勝格言	呂梅莎編譯	180元
73. 透視西武集團	林谷燁編譯	150元
76. 巡迴行銷術	陳蒼杰譯	150元
77. 推銷的魔術	王嘉誠譯	120元
78. 60秒指導部屬	周蓮芬編譯	150元
79. 精銳女推銷員特訓	李玉瓊編譯	130元
80. 企劃、提案、報告圖表的技巧	鄭汶譯	180元
81. 海外不動產投資	許達守編譯	150元
82. 八百伴的世界策略	李玉瓊譯	150元
83. 服務業品質管理	吳宜芬譯	180元
84. 零庫存銷售	黃東謙編譯	150元
85. 三分鐘推銷管理	劉名揚編譯	150元
86. 推銷大王奮鬥史	原一平著	150元
87. 豐田汽車的生產管理	林谷燁編譯	200元

・成 功 寶 庫・電腦編號 02

1. 上班族交際術	江森滋著	100元
2. 拍馬屁訣竅	廖玉山編譯	110元
4. 聽話的藝術	歐陽輝編譯	110元
9. 求職轉業成功術	陳義編著	110元
10. 上班族禮儀	廖玉山編著	120元
11. 接近心理學	李玉瓊編著	100元
12. 創造自信的新人生	廖松濤編著	120元
15. 神奇瞬間瞑想法	廖松濤編譯	100元
16. 人生成功之鑰	楊意苓編著	150元
19. 給企業人的諍言	鐘文訓編著	120元
20. 企業家自律訓練法	陳義編譯	100元
21. 上班族妖怪學	廖松濤編著	100元
22. 猶太人縱橫世界的奇蹟	孟佑政編著	110元
25. 你是上班族中強者	嚴思圖編著	100元

30. 成功頓悟 100 則	蕭京凌編譯	130 元
32. 知性幽默	李玉瓊編譯	130 元
33. 熟記對方絕招	黃靜香編譯	100 元
37. 察言觀色的技巧	劉華亭編著	180 元
38. 一流領導力	施義彥編譯	120 元
40. 30 秒鐘推銷術	廖松濤編譯	150 元
42. 尖端時代行銷策略	陳蒼杰編著	100 元
43. 顧客管理學	廖松濤編著	100 元
47. 上班族口才學	楊鴻儒譯	120 元
48. 上班族新鮮人須知	程羲編著	120 元
49. 如何左右逢源	程羲編著	130 元
50. 語言的心理戰	多湖輝著	130 元
55. 性惡企業管理學	陳蒼杰譯	130 元
56. 自我啟發 200 招	楊鴻儒編著	150 元
57. 做個傑出女職員	劉名揚編著	130 元
58. 靈活的集團營運術	楊鴻儒編著	120 元
60. 個案研究活用法	楊鴻儒編著	130 元
61. 企業教育訓練遊戲	楊鴻儒編著	120 元
62. 管理者的智慧	程義編譯	130 元
63. 做個佼佼管理者	馬筱莉編譯	130 元
67. 活用禪學於企業	柯素娥編譯	130 元
69. 幽默詭辯術	廖玉山編譯	150 元
70. 拿破崙智慧箴言	柯素娥編譯	130 元
71. 自我培育・超越	蕭京凌編譯	150 元
74. 時間即一切	沈永嘉編譯	130 元
75. 自我脫胎換骨	柯素娥譯	150 元
76. 贏在起跑點　人才培育鐵則	楊鴻儒編譯	150 元
77. 做一枚活棋	李玉瓊編譯	130 元
81. 瞬間攻破心防法	廖玉山編譯	120 元
82. 改變一生的名言	李玉瓊編譯	130 元
83. 性格性向創前程	楊鴻儒編譯	130 元
84. 訪問行銷新竅門	廖玉山編譯	150 元
85. 無所不達的推銷話術	李玉瓊編譯	150 元

・處　世　智　慧・電腦編號 03

1. 如何改變你自己	陸明編譯	120 元
6. 靈感成功術	譚繼山編譯	80 元
8. 扭轉一生的五分鐘	黃柏松編譯	100 元
10. 現代人的詭計	林振輝譯	100 元
14. 女性的智慧	譚繼山編譯	90 元
16. 人生的體驗	陸明編譯	80 元
18. 幽默吹牛術	金子登著	90 元
24. 慧心良言	亦奇著	80 元

25. 名家慧語	蔡逸鴻主編	90元
28. 如何發揮你的潛能	陸明編譯	90元
29. 女人身態語言學	李常傳譯	130元
30. 摸透女人心	張文志譯	90元
32. 給女人的悄悄話	妮倩編譯	90元
36. 成功的捷徑	鐘文訓譯	70元
37. 幽默逗笑術	林振輝著	120元
38. 活用血型讀書法	陳炳崑譯	80元
39. 心　燈	葉于模著	100元
41. 心・體・命運	蘇燕謀譯	70元
43. 宮本武藏五輪書金言錄	宮本武藏著	100元
47. 成熟的愛	林振輝譯	120元
48. 現代女性駕馭術	蔡德華著	90元
49. 禁忌遊戲	酒井潔著	90元
53. 如何達成願望	謝世輝著	90元
54. 創造奇蹟的「想念法」	謝世輝著	90元
55. 創造成功奇蹟	謝世輝著	90元
57. 幻想與成功	廖松濤譯	80元
58. 反派角色的啟示	廖松濤編譯	70元
59. 現代女性須知	劉華亭編著	75元
62. 如何突破內向	姜倩怡編譯	110元
64. 讀心術入門	王家成編譯	100元
65. 如何解除內心壓力	林美羽編著	110元
66. 取信於人的技巧	多湖輝著	110元
68. 自我能力的開拓	卓一凡編著	110元
70. 縱橫交涉術	嚴思圖編著	90元
71. 如何培養妳的魅力	劉文珊編著	90元
75. 個性膽怯者的成功術	廖松濤編譯	100元
76. 人性的光輝	文可式編著	90元
79. 培養靈敏頭腦秘訣	廖玉山編著	90元
80. 夜晚心理術	鄭秀美編譯	80元
81. 如何做個成熟的女性	李玉瓊編著	80元
82. 現代女性成功術	劉文珊編著	90元
83. 成功說話技巧	梁惠珠編譯	100元
84. 人生的真諦	鐘文訓編譯	100元
87. 指尖・頭腦體操	蕭京凌編譯	90元
88. 電話應對禮儀	蕭京凌編著	120元
89. 自我表現的威力	廖松濤編譯	100元
91. 男與女的哲思	程鐘梅編譯	110元
92. 靈思慧語	牧風著	110元
93. 心靈夜語	牧風著	100元
94. 激盪腦力訓練	廖松濤編譯	100元
95. 三分鐘頭腦活性法	廖玉山編譯	110元
96. 星期一的智慧	廖玉山編譯	100元

97. 溝通說服術	賴文琇編譯	100元

・健康與美容・電腦編號 04

3. 媚酒傳(中國王朝秘酒)	陸明主編	120元
5. 中國回春健康術	蔡一藩著	100元
6. 奇蹟的斷食療法	蘇燕謀譯	130元
8. 健美食物法	陳炳崑譯	120元
9. 驚異的漢方療法	唐龍編著	90元
10. 不老強精食	唐龍編著	100元
12. 五分鐘跳繩健身法	蘇明達譯	100元
13. 睡眠健康法	王家成譯	80元
14. 你就是名醫	張芳明譯	90元
19. 釋迦長壽健康法	譚繼山譯	90元
20. 腳部按摩健康法	譚繼山譯	120元
21. 自律健康法	蘇明達譯	90元
23. 身心保健座右銘	張仁福著	160元
24. 腦中風家庭看護與運動治療	林振輝譯	100元
25. 秘傳醫學人相術	成玉主編	120元
26. 導引術入門(1)治療慢性病	成玉主編	110元
27. 導引術入門(2)健康・美容	成玉主編	110元
28. 導引術入門(3)身心健康法	成玉主編	110元
29. 妙用靈藥・蘆薈	李常傳譯	150元
30. 萬病回春百科	吳通華著	150元
31. 初次懷孕的10個月	成玉編譯	150元
32. 中國秘傳氣功治百病	陳炳崑編譯	130元
35. 仙人長生不老學	陸明編譯	100元
36. 釋迦秘傳米粒刺激法	鐘文訓譯	120元
37. 痔・治療與預防	陸明編譯	130元
38. 自我防身絕技	陳炳崑編譯	120元
39. 運動不足時疲勞消除法	廖松濤譯	110元
40. 三溫暖健康法	鐘文訓編譯	90元
43. 維他命與健康	鐘文訓譯	150元
45. 森林浴—綠的健康法	劉華亭編譯	80元
47. 導引術入門(4)酒浴健康法	成玉主編	90元
48. 導引術入門(5)不老回春法	成玉主編	90元
49. 山白竹(劍竹)健康法	鐘文訓譯	90元
50. 解救你的心臟	鐘文訓編譯	100元
52. 超人氣功法	陸明編譯	110元
54. 借力的奇蹟(1)	力拔山著	100元
55. 借力的奇蹟(2)	力拔山著	100元
56. 五分鐘小睡健康法	呂添發撰	120元
59. 艾草健康法	張汝明編譯	90元
60. 一分鐘健康診斷	蕭京凌編譯	90元

國家圖書館出版品預行編目資料

小道理・美好生活／林政峰編著
－初版－臺北市，大展，民 89
面；21 公分－（社會人智囊；56）
ISBN 957-468-008-8（平裝）
1. 生活指導 2. 修身
177.2 89007824

小道理・美好生活 ISBN 957-468-008-8

編　　著／林　政　峰
負 責 人／蔡　森　明
出 版 者／大展出版社有限公司
社　　址／台北市北投區（石牌）致遠一路 2 段 12 巷 1 號
電　　話／(02) 28236031・28236033・28233123
傳　　真／(02) 28272069
郵政劃撥／01669551
登 記 證／局版臺業字第 2171 號
E-mail／dah-jaan@ms9. tisnet. net. tw
承 印 者／國順圖書印刷公司
裝　　訂／嶸興裝訂有限公司
排 版 者／千兵企業有限公司
初版 1 刷／2000 年（民 89 年） 8 月
初版 2 刷／2000 年（民 89 年）10 月

定　價／180 元

大展好書 好書大展

大展好書 好書大展